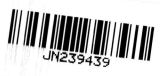

乳幼児のための
保育内容
表現
身体・音楽・造形

佐野美奈
Mina Sano
佐橋由美
Yumi Sahashi
田谷千江子
Chieko Taya
著

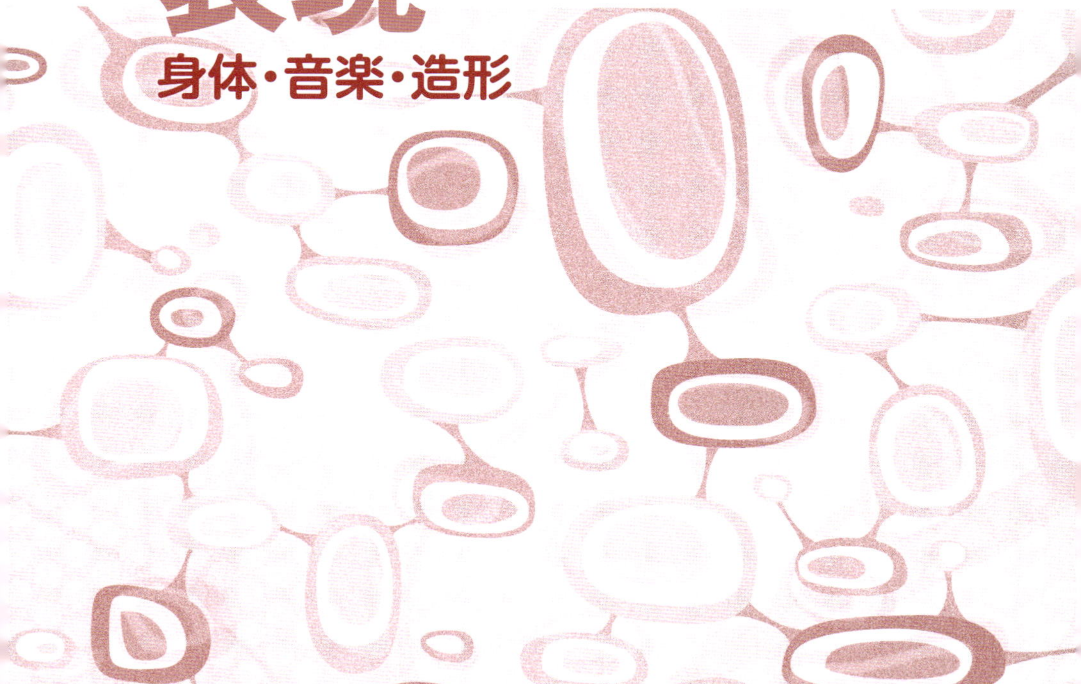

ナカニシヤ出版

はじめに

本書は，主に，保育者として，乳幼児教育に携わることを目指す人に向けたものである。2017年3月に，「幼稚園教育要領」および「保育所保育指針」，「幼保連携型認定こども園教育・保育要領」が改訂，告示され，2018年から適用されることとなった。それにより，「幼児期の終わりまでに育ってほしい姿」が明記されることとなった。

これまでにも，特に「幼稚園教育要領」および「保育所保育指針」に関する改訂は何度も行われてきたが，乳幼児を主体とした保育内容を行うその理念は変わっていないと考えられる。これまでに，「幼稚園教育要領」や「保育所保育指針」における5領域の一つとして，保育内容「表現」は，音楽表現や造形表現，身体表現等のうち，各一分野にまとめられた教科書が多く刊行されてきた。保育内容「表現」の総論については，理論的な解説書も見られる。

それに対して，本書では，遊びを基本とした活動を行う乳幼児期を対象とした保育者養成のための表現論を提示したいと考えている。乳幼児は，日々，自身を表現することで成長を遂げている。乳幼児の表現は，全身または身体の部分を用いて行われるものであり，大人の視点に拠らない身体表現，音楽表現，造形表現等と呼ばれるものであったり，それらが一体化したものであったりする。そのために，本書では，動き，音楽，造形の3側面から，理論と実践の融合を目指して，各論，および総論を述べるものとする。そして，総合的な乳幼児教育のあり方を示そうとしている。

本書の第1章では，「幼稚園教育要領」「保育所保育指針」「幼保連携型認定こども園教育・保育要領」に関して，その改訂による内容の変遷と確立の過程を辿る中で，保育内容の中でも本書が焦点化しようとする「表現」の領域について述べる。そのうえで，第2章では，乳幼児期の「表現」の発達について，概説する。

総論である第1章と第2章の表現に関する本質論をふまえて，第3章から第7章までを各論とする。第3章では乳幼児期の身体表現および第4章でその実践例と活動の展開，第5章では乳幼児期の音楽的表現および第6章でその発達を促す方法，第7章では乳幼児期の造形表現とその活動の実践例について述べている。そして，終章では，乳幼児期に望ましい表現について述べている。

これらを通して，理論を参照しつつ目の前の子どもに対する実践方法をどのように考えるかについて，保育者を目指す人が自ら学びを深める一助として本書を用いて頂ければ幸いである。

また，本書の作成にあたり，多大なご尽力を賜りましたナカニシヤ出版編集部の由浅啓吾さんに，深く感謝申し上げます。

著者一同

目　次

第1部
総　論

第１章　保育・幼児教育における保育内容「表現」の位置づけ
第２章　乳幼児期の「表現」の発達について

第1章
保育・幼児教育における保育内容「表現」の位置づけ

本章では，幼児の「表現」とは何か，そして，「幼稚園教育要領」および「保育所保育指針」，「幼保連携型認定こども園教育・保育要領」において，幼児の「表現」はどのように位置づけられてきたかについて述べる。

1　幼児の「表現」とは

幼児は，毎日，成長している。その成長過程を映し出すのが遊びであり，日常生活経験そのものである。一般的に，幼児が遊びを通して学ぶことは重要であるといわれている。日常生活経験における幼児の遊びは，これまでにもさまざまな側面から研究の対象とされてきた。たとえば，幼児の認知的（言語的）発達の側面から，心理学者のピアジェ（Piaget, 1962）は，「機能遊び」「構成遊び」「象徴遊び（役割演技遊び）」「ルールをともなう遊び」といった分類を行っている（表1-1，第5章2節も参照）。また，幼児の社会性の発達の側面から，パーテン（Parten & Newhall, 1943）は，「一人遊び」「傍観者的遊び」「平行遊び」「連合遊び」「協同遊び」といった分類を行っている（表1-2）。私たちは，そのようにさまざまな発達の側面を，幼児の遊びに見出し，発達的特徴として捉えている。

そのような遊びにおいて，幼児は自発的な表現を行っている。たとえば，前述の「象徴遊び」において，幼児は頻繁に見立てやふりの表現を行い，感覚的に自らが日常生活経験で受容したことを遊びの中で再現し，事象のイメージを形成しているのである。それらは，私たち大人からみると，幼児の素朴な「自己表出」である。そして，表現技術が未熟であっても，幼児は，全身を使って考えや感情を表そうとする。そのために，幼児の遊びにみられる表現は，大人が捉える音楽表現，身体表現のように区分できるものではなく，音声と動き等の一体化したものとなる。

さらに，たとえば幼児が，音楽経験を重ねて歌を歌うときも，自然に身体が動き，

表 1-1　ピアジェの遊びの分類

機能遊び	音を出したりしてそれを感覚的に楽しむ遊び
構成遊び	何かをつくり出す折り紙，砂遊びのような遊び
象徴遊び（役割演技遊び）	瞬間的に演じられる劇に近い表現遊びから，ある程度ストーリーや役割に一貫性のある劇化表現までを指す
ルールをともなう遊び	鬼ごっこのように規定されたルールが守られて成立する遊び

表 1-2　パーテンの遊びの分類

一人遊び	1 人でガラガラを振って楽しむような 1 人だけで行う遊び
傍観者的遊び	複数の他児の遊びの中には入らず，そばで見ている傍観者的態度をとる遊びへの参加
平行遊び	一見集団で同じ遊びをしているようだが，相互の遊びに関するコミュニケーションがとれていない状態での遊び（砂場で一緒にいて，他児と道具の貸し借りはあるが，別の遊びをしている場合等を指す）
連合遊び	他児と相互作用はあるが，組織化されず集団としての活動の共有がない遊び
協同遊び	集団による遊びのテーマや活動の共有がある遊び（集団で 1 つのテーマによる遊びをしている）

手を振り，足首を上下させて音楽の拍をとったりすることが，頻繁にみられることがわかるだろう。

このように，幼児の「表現」とは，本来，日常生活経験において生じる遊びの中であるいはその延長線上にある音声と動きの一体化した表しであると捉えることができる。

2 「幼稚園教育要領」の変遷と確立の過程について

1947 年の学校教育法の制定によって，幼稚園は，学校教育の中に位置づけられて，今日に至っている。

■ 2-1 「保育要領」の刊行

1948 年には，「保育要領」が発刊された。「保育要領」は，第 2 次世界大戦後に幼稚園教育が学校教育法によって位置づけられたことに基づいて 1948 年に作成された。その保育の内容は，幼稚園児も保育園児についても，望ましい経験として保育内容が説明され，また，家庭教育についても記されていた（民秋, 2008）。

「保育要領」においては，まず，「二　幼児期の発達特質」，「三　幼児の生活指導」

として，身体の発育，知的発達，情緒的発達，社会的発達が概説されている。次に，「四　幼児の生活環境」として，運動場，建物，遊具が挙げられている。「保育要領」においては，まだ幼稚園と保育所との明確な区分が確立しておらず，「五　幼児の一日の生活」の中で，幼稚園の一日，保育所の一日，家庭の一日，という項目に分けられていた。

さらに，保育内容については，「幼児の保育内容――楽しい幼児の経験」として，12項目が記載されていた。それらは，「1　見学」「2　リズム」「3　休息」「4　自由遊び」「5　音楽」「6　お話」「7　絵画」「8　製作」「9　自然観察」「10　ごっこ遊び・劇遊び・人形芝居」「11　健康保育」「12　年中行事」であった。そして，「七　家庭と幼稚園」では，父母と先生の会，父母の教育，父母教育の指針，小学校との連絡といった家庭教育の重要性も示されていた。

特に，保育内容については，前述のとおり，幼児にとって楽しい経験であるべきという理念をみることができる。

「1　見学」においては，自然や社会とのかかわりを通した幼児期の直接経験の重要性が提示されている。

「2　リズム」においては，幼児のもつ音楽的な感情や身体の動きによる活動内容として，「唱歌遊び」「リズム遊び」等が示されている。そこでは，「唱歌遊び」は，幼児の自発的な音楽的表現として，発展性のある活動として説明されている。「リズム遊び」については，日常生活経験の中で気づく事象のイメージを動きによるリズムの表現とすることや，その活動と音楽との関係性について説明されている。

「3　休息」においては，成長過程にある幼児にとって，休息が身体的精神的に重要であることや身の回りの生活習慣での自発的な幼児の取り組みについて示されている。

「4　自由遊び」においては，幼児の遊びに身近な環境や遊びの指導，および保育者による観察について述べられている。

「5　音楽」においては，幼児の音楽的諸能力の発達に即した歌の選択，幼児の即興的な歌の受容，器楽の経験を生活音や楽音のリズムの感受から始めること，音楽鑑賞の重要性と鑑賞の方法について示されている。そして，鑑賞曲の例が，行進曲，舞踊曲，描写曲，その他として，掲載されている。

「6　お話」においては，幼児期の著しい言語発達に即して，言語教育の重要性と方法について記されている。特に，よい童話は，明るく楽しい理想，正しい人生観，自立や努力の精神，平和と博愛，道義心，芸術的な豊かさのあるものと明記されている。

「7　絵画」においては，自由な幼児の自己表現として，どのような素材を用いることが望ましいかについて述べられ，「8　製作」においては，粘土・木・自然物といった素材が望ましいことが示されている。

「9　自然観察」においては，幼児の興味・関心に基づいた科学的態度を養うことが重要であり，1年間の自然の経験が示されている。

「10　ごっこ遊び・劇遊び・人形芝居」においては，模倣遊びからごっこ遊びへと社会性の発達による移行がみられること，自発的な劇化によるお話の遊び，人形劇等の意義が記されている。

「11　健康保育」においては，健康記録・環境・運動，栄養の重要性や病気の種類について，生活習慣の確立について述べられている。

「12　年中行事」においては，自然物が巧みに取り入れられていることから，その重要性が示されている。

■ 2-2 「幼稚園教育要領」の変遷と確立の過程について

1956年には，前述「保育要領」が改訂され，「幼稚園教育要領」が初めて公示された。そのことにより，幼稚園教育と保育所保育が別に記されることとなった。当時の改訂の趣旨には，保育内容と小学校の教科との一貫性があり，「健康，社会，自然，言語，音楽リズム，絵画製作」という6つの「領域」が示された。「幼稚園教育要領」は，1964年に改訂，「告示」された。その後，「幼稚園教育要領」は，30年間にわたって6領域のまま修正されないできた。

第2次の改訂は，1989年に行われ，それまで6領域であった保育内容は，「健康，人間関係，環境，言葉，表現」の5領域とされた。この1989年改訂のものは，6領域時代の「旧幼稚園教育要領」に対して，「新幼稚園教育要領」と呼ばれてきた。それは，「旧幼稚園教育要領」が適用されていた間にも，子どもの発達研究が進み，それまでの幼児教育が小学校教育の準備教育であるかのような保育内容となりがちで，教師主導型の技術や行事中心・結果主義的な傾向が生じてきたことに対する反省とも読み取れる。本来，幼児教育における「領域」は，教科と異なり，境界が曖昧で，各々にかかわりがあるものである。各々の「領域」は，幼児の発達を捉える視点であり，それらの目的が相互にかかわりながら達成され，総合的な活動として教育的な意味をもつようになるものなのである。そのために，幼児教育のねらいは，心情・意欲・態度を育成することであるとされている。

特に，本書で論じようとする「表現」の領域では，第1節で述べたように，日常生活経験の中から生じる幼児の自発的な表現に基づいた総合的な表現が重要なのである。

上記の新幼稚園教育要領となってから，1998年に第3次改訂が行われ，「生きる力の基礎」の育成や子育て支援のための役割等が明記された。2008年には第4次改訂が行われ，発達や学びの連続性，家庭生活との連続性を考えた幼稚園教育の充実を図ることによって，幼小の円滑な接続や生活習慣の確立を目指すこと，教育活動としての預かり保育を含めた子育て支援に関する社会的役割を果たすことが明記された。加えて，食育の重要性も示された。2008年の改訂時の幼稚園教育要領では，保育内容の具体的な文章に人間関係の大切さを示す文言がよくみられる。それは，幼児の社会性の発達を幼稚園教育という集団での現代では貴重な社会経験において，楽しさを他者と共有すること，他者に感謝すること，他者に思いやりをもつこと等，人とのかかわりによって育つことが重要であることを示唆している。

そして，2017年3月に第5次の改訂が行われた。全体としての変更はみられるが，「新幼稚園教育要領」に改訂されて以降，「表現」に関する考え方，ねらいとするところもほぼ変わっていないのが現状である。

3 「保育所保育指針」の変遷と確立の過程について

1947年の児童福祉法の制定によって，保育所は，児童福祉施設とされ，1948年に児童福祉施設最低基準が制定された。その後，「保育所保育指針」が1965年に初めて制定された。「保育所保育指針」においては，養護と教育を一体とすることが前提とされ，保育内容については，「望ましいおもな活動」として，年齢ごとの発達を示すとともに，3歳児以降では，「幼稚園教育要領」の6領域に準ずるものとされた。第1次改訂は，1990年であり，その変更について，保育内容が6領域から5領域になったという点は，「新幼稚園教育要領」への改訂と同様であった。その後，1998年の児童福祉法の改正によって，保育所は利用者によって選択できるようになった。1999年に「保育所保育指針」の第2次改訂が行われて，保育内容は発達過程による区分によって示され，子育て支援の役割が明確にされた。さらに，2001年に保育士資格が法定化された。2008年には第3次改訂において，「保育所保育指針」は大臣による「告示」となった。こうした経緯によって，専門性の習得が明言され，保育士の創意工夫が求められるようになった。

そして，2017年3月に「保育所保育指針」の第4次改訂が行われた。ただし，3歳児以降の保育内容は，「幼稚園教育要領」に準じており，特に「表現」において，日常生活における感覚的経験に基づいた活動を重要視する点は，「保育要領」が適用されていた頃と変わるところはない。

4 「幼保連携型認定こども園教育・保育要領」の変遷と確立の過程について

「幼保連携型認定こども園教育・保育要領」（以下，「教育・保育要領」と記す）は，幼保連携型認定こども園という幼稚園と保育所の機能を併せもった総合施設のために，2014年に告示された。その背景には，2006年の認定こども園法および2012年の子ども・子育て支援関連三法・新制度の制定があった。そのために，「教育・保育要領」は，「幼稚園教育要領」や「保育所保育指針」との整合性を考慮して構成されており，保育内容は，3歳未満児については「保育所保育指針」，3歳児以降については「幼稚園教育要領」がほぼ適用されるかたちとなった。

そして，2017年3月に第2次改訂が行われ，教育と保育が一体的に行われることや，「幼児期の終わりにまでに育って欲しい姿」が明記された。また，乳児期および満1歳以上満3歳未満の保育内容の充実化が図られ，特別な配慮を要する園児への指導についても明記された。ただし，保育内容の「表現」に関しては，「幼稚園教育要領」「保育所保育指針」と変わるところはない。

5 2017年改訂後の保育内容「表現」について

2017年時の改訂で，「幼稚園教育要領」「保育所保育指針」「教育・保育要領」が初めて同時に提示されたかたちとなった。その中で，保育内容「表現」は，どのように捉えられているのか。2017年の改訂により，乳幼児保育および3歳未満児の保育内容の充実が図られたが，本章では，「幼稚園教育要領」「保育所保育指針」「教育・保育要領」に共通の3歳児4歳児5歳児に関する内容に着目する。0歳児から3歳未満児までの表現の発達については，本書の第2章および第5章の中で，後述している。

5-1 「幼稚園教育要領」における「表現」

「幼稚園教育要領」における「表現」は，「第２章 ねらい及び内容」の中に記されている（表 1-3 参照）。

表 1-3 「幼稚園教育要領」における「表現」
（「第２章 ねらい及び内容」：文部科学省・厚生労働省・内閣府，2017）

表　現
感じたことや考えたことを自分なりに表現することを通して，豊かな感性や表現する力を養い，創造性を豊かにする。
1　ねらい
(1) いろいろなものの美しさなどに対する豊かな感性をもつ。 (2) 感じたことや考えたことを自分なりに表現して楽しむ。 (3) 生活の中でイメージを豊かにし，様々な表現を楽しむ。
2　内容
(1) 生活の中で様々な音，形，色，手触り，動きなどに気付いたり，感じたりするなどして楽しむ。 (2) 生活の中で美しいものや心を動かす出来事に触れ，イメージを豊かにする。 (3) 様々な出来事の中で，感動したことを伝え合う楽しさを味わう。 (4) 感じたこと，考えたことなどを音や動きなどで表現したり，自由にかいたり，つくったりなどする。 (5) いろいろな素材に親しみ，工夫して遊ぶ。 (6) 音楽に親しみ，歌を歌ったり，簡単なリズム楽器を使ったりなどする楽しさを味わう。 (7) かいたり，つくったりすることを楽しみ，遊びに使ったり，飾ったりなどする。 (8) 自分のイメージを動きや言葉などで表現したり，演じて遊んだりするなどの楽しさを味わう。
3　内容の取扱い
(1) 豊かな感性は，身近な環境と十分に関わる中で美しいもの，優れたもの，心を動かす出来事などに出会い，そこから得た感動を他の幼児や教師と共有し，様々に表現することなどを通して養われるようにすること。<u>その際，風の音や雨の音，身近にある草や花の形や色など自然の中にある音，形，色などに気付くようにすること。</u> (2) 幼児の自己表現は素朴な形で行われることが多いので，教師はそのような表現を受容し，幼児自身の表現しようとする意欲を受け止めて，幼児が生活の中で幼児らしい様々な表現を楽しむことができるようにすること。 (3) 生活経験や発達に応じ，自ら様々な表現を楽しみ，表現する意欲を十分に発揮させることができるように，遊具や用具などを整えたり，様々な素材や表現の仕方に親しんだり，他の幼児の表現に触れられるよう配慮したりし，表現する過程を大切にして自己表現を楽しめるように工夫すること。

※下線部は 2017 年の改訂で加筆された文言。

■ 5-2 「保育所保育指針」における「表現」

「保育所保育指針」においては，「第２章 保育の内容」の中で，「1　乳児保育に関わるねらい及び内容」の事項に総合的な発達の視点から感覚的経験の重要性を示す形で記され，「2　1歳以上3歳未満児の保育に関わるねらい及び内容」については，「オ　表現」として提示されている。表1-4に，1歳以上3歳未満児の保育所保育指針「表現」の該当部分を示す。

表 1-4 「保育所保育指針」における「表現」（1歳以上3歳未満児）
（「2　1歳以上3歳未満児の保育に関わるねらい及び内容」
「オ　表現」：文部科学省・厚生労働省・内閣府，2017）

表　現
感じたことや考えたことを自分なりに表現することを通して，豊かな感性や表現する力を養い，創造性を豊かにする。
（ア）ねらい
①身体の諸感覚の経験を豊かにし，様々な感覚を味わう。 ②感じたことや考えたことを自分なりに表現しようとする。 ③生活や遊びの様々な体験を通して，イメージや感性が豊かになる。
（イ）内容
①水，砂，土，紙，粘土など様々な素材に触れて楽しむ。 ②音楽，リズムやそれに合わせた体の動きを楽しむ。 ③生活の中で様々な音，形，色，手触り，動き，味，香りなどに気付いたり，感じたりして楽しむ。 ④歌を歌ったり，簡単な手遊びや全身を使う遊びを楽しんだりする。 ⑤保育士等からの話や，生活や遊びの中での出来事を通して，イメージを豊かにする。 ⑥生活や遊びの中で，興味のあることや経験したことなどを自分なりに表現する。
（ウ）内容の取扱い
上記の取扱いに当たっては，次の事項に留意する必要がある。 ①子どもの表現は，遊びや生活の様々な場面で表出されているものであることから，それらを積極的に受け止め，様々な表現の仕方や感性を豊かにする経験となるようにすること。 ②子どもが試行錯誤しながら様々な表現を楽しむことや，自分の力でやり遂げる充実感などに気付くよう，温かく見守るとともに，適切に援助を行うようにすること。 ③様々な感情の表現等を通じて，子どもが自分の感情や気持ちに気付くようになる時期であることに鑑み，受容的な関わりの中で自信をもって表現をすることや，諦めずに続けた後の達成感等を感じられるような経験が蓄積されるようにすること。 ④身近な自然や身の回りの事物に関わる中で，発見や心が動く経験が得られるよう，諸感覚を働かせることを楽しむ遊びや素材を用意するなど保育の環境を整えること。

また，3歳児以降に関しては，「3　3歳以上児の保育に関するねらい及び内容」に記載されている（表1-5参照）。

表1-5 「保育所保育指針」における「表現」（3歳以上児）
（「3　3歳以上児の保育に関するねらい及び内容」「オ　表現」：文部科学省・厚生労働省・内閣府，2017）

表　現
感じたことや考えたことを自分なりに表現することを通して，豊かな感性や表現する力を養い，創造性を豊かにする。
（ア）ねらい
①いろいろなものの美しさなどに対する豊かな感性をもつ。 ②感じたことや考えたことを自分なりに表現して楽しむ。 ③生活の中でイメージを豊かにし，様々な表現を楽しむ。
（イ）内容
①生活の中で様々な音，形，色，手触り，動きなどに気付いたり，感じたりするなどして楽しむ。 ②生活の中で美しいものや心を動かす出来事に触れ，イメージを豊かにする。 ③様々な出来事の中で，感動したことを伝え合う楽しさを味わう。 ④感じたこと　考えたことなどを音や動きなどで表現したり，自由にかいたり，つくったりなどする。 ⑤いろいろな素材に親しみ，工夫して遊ぶ。 ⑥音楽に親しみ，歌を歌ったり，簡単なリズム楽器を使ったりなどする楽しさを味わう。 ⑦かいたり，つくったりすることを楽しみ，遊びに使ったり，飾ったりなどする。 ⑧自分のイメージを動きや言葉などで表現したり，演じて遊んだりするなどの楽しさを味わう。
（ウ）内容の取扱い
上記の取扱いに当たっては，次の事項に留意する必要がある。 ①豊かな感性は，身近な環境と十分に関わる中で美しいもの，優れたもの，心を動かす出来事などに出会い，そこから得た感動を他の幼児や教師と共有し，様々に表現することなどを通して養われるようにすること。その際，風の音や雨の音，身近にある草や花の形や色など自然の中にある音，形，色などに気付くようにすること。 ②子どもの自己表現は素朴な形で行われることが多いので，保育士等はそのような表現を受容し，子ども自身の表現しようとする意欲を受け止めて，子どもが生活の中で子どもらしい様々な表現を楽しむことができるようにすること。 ③生活経験や発達に応じ，自ら様々な表現を楽しみ，表現する意欲を十分に発揮させることができるように，遊具や用具などを整えたり，様々な素材や表現の仕方に親しんだり，他の子どもの表現に触れられるよう配慮したりし，表現する過程を大切にして自己表現を楽しめるように工夫すること。

※下線部は2017年の改訂で加筆された文言。

■ 5-3 「教育・保育要領」における「表現」

ここで対象となるのは，保育所保育と同様の乳幼児であり，構成も2017年改訂の「保育所保育指針」に準ずるものとなっており，「第1　乳児期の園児の保育に関するねらい及び内容」「第2　満1歳以上満3歳未満の園児の保育に関するねらい及び内容」（表1-6参照），「第3　満3歳以上の園児の教育及び保育に関するねらい及び内容」（表1-7参照）から成っている。

表1-6 「教育・保育要領」における「表現」（満1歳以上満3歳未満の園児）
（「第2　満1歳以上満3歳未満の園児の保育に関するねらい及び内容」
「表現」：文部科学省・厚生労働省・内閣府，2017）

表　現
感じたことや考えたことを自分なりに表現することを通して，豊かな感性や表現する力を養い，創造性を豊かにする。
1　ねらい
(1) 身体の諸感覚の経験を豊かにし，様々な感覚を味わう。 (2) 感じたことや考えたことを自分なりに表現しようとする。 (3) 生活や遊びの様々な体験を通して，イメージや感性が豊かになる。
2　内容
(1) 水，砂，土，紙，粘土など様々な素材に触れて楽しむ。 (2) 音楽，リズムやそれに合わせた体の動きを楽しむ。 (3) 生活の中で様々な音，形，色，手触り，動き，味，香りなどに気付いたり，感じたりして楽しむ。 (4) 歌を歌ったり，簡単な手遊びや全身を使う遊びを楽しんだりする。 (5) 保育士等からの話や，生活や遊びの中での出来事を通して，イメージを豊かにする。 (6) 生活や遊びの中で，興味のあることや経験したことなどを自分なりに表現する。
3　内容の取扱い
3　内容の取扱い 上記の取扱いに当たっては，次の事項に留意する必要がある。 (1) 園児の表現は，遊びや生活の様々な場面で表出されているものであることから，それらを積極的に受け止め，様々な表現の仕方や感性を豊かにする経験となるようにすること。 (2) 園児が試行錯誤しながら様々な表現を楽しむことや，自分の力でやり遂げる充実感などに気付くよう，温かく見守るとともに，適切に援助を行うようにすること。 (3) 様々な感情の表現等を通じて，園児が自分の感情や気持ちに気付くようになる時期であることに鑑み，受容的な関わりの中で自信をもって表現をすることや，諦めずに続けた後の達成感等を感じられるような経験が蓄積されるようにすること。 (4) 身近な自然や身の回りの事物に関わる中で，発見や心が動く経験が得られるよう，諸感覚を働かせることを楽しむ遊びや素材を用意するなど保育の環境を整えること。

2-2 (☞ 6 頁) で示したように，保育の内容に関しては，微細な文言の差異を除いて，「幼稚園教育要領」「保育所保育指針」「教育・保育要領」における「表現」が，同様のねらいや配慮事項で構成されていることがわかる。

表 1-7 「教育・保育要領」における「表現」(満 3 歳以上の園児)
(「第 3　満 3 歳以上の園児の教育及び保育に関するねらい及び内容」「表現」: 文部科学省・厚生労働省・内閣府, 2017)

表　現
感じたことや考えたことを自分なりに表現することを通して，豊かな感性や表現する力を養い，創造性を豊かにする。
1　ねらい
(1) いろいろなものの美しさなどに対する豊かな感性をもつ。 (2) 感じたことや考えたことを自分なりに表現して楽しむ。 (3) 生活の中でイメージを豊かにし，様々な表現を楽しむ。
2　内容
(1) 生活の中で様々な音，形，色，手触り，動きなどに気付いたり，感じたりするなどして楽しむ。 (2) 生活の中で美しいものや心を動かす出来事に触れ，イメージを豊かにする。 (3) 様々な出来事の中で，感動したことを伝え合う楽しさを味わう。 (4) 感じたこと，考えたことなどを音や動きなどで表現したり，自由にかいたり，つくったりなどする。 (5) いろいろな素材に親しみ，工夫して遊ぶ。 (6) 音楽に親しみ，歌を歌ったり，簡単なリズム楽器を使ったりなどする楽しさを味わう。 (7) かいたり，つくったりすることを楽しみ，遊びに使ったり，飾ったりなどする。 (8) 自分のイメージを動きや言葉などで表現したり，演じて遊んだりするなどの楽しさを味わう。
3　内容の取扱い
上記の取扱いに当たっては，次の事項に留意する必要がある。 (1) 豊かな感性は，身近な環境と十分に関わる中で美しいもの，優れたもの，心を動かす出来事などに出会い，そこから得た感動を他の園児や保育教諭と共有し，様々に表現することなどを通して養われるようにすること。<u>その際，風の音や雨の音，身近にある草や花の形や色など自然の中にある音，形，色などに気付くようにすること。</u> (2) 幼児期の自己表現は素朴な形で行われることが多いので，保育教諭等はそのような表現を受容し，園児自身の表現しようとする意欲を受け止めて，園児が生活の中で園児らしい様々な表現を楽しむことができるようにすること。 (3) 生活経験や発達に応じ，自ら様々な表現を楽しみ，表現する意欲を十分に発揮させることができるように，遊具や用具などを整えたり，様々な素材や表現の仕方に親しんだり，他の園児の表現に触れられるよう配慮したりし，表現する過程を大切にして自己表現を楽しめるように工夫すること。

※下線部は 2017 年の改訂で加筆された文言。

■ 5-4 「幼稚園教育要領」「保育所保育指針」「教育・保育要領」における保育内容「表現」の目指すところ

本書の表（表 1-3, 1-5, 1-7）に示したように，微細な文言の差異はみられるものの，「幼稚園教育要領」「保育所保育指針」「教育・保育要領」における保育内容「表現」の目指すところは同じであり，乳幼児の発達過程に即した活動内容を構成し，発達の連続性を考えた総合的な表現を意図していることがわかる。

その理念は，「保育要領」が刊行されたときの内容を継承しており，「表現」の活動が遊びを通した総合的な指導へとつながっていくことが想定されている。

具体的には，日常生活の中で日々，風や雨等の自然の音を聴き，自然が変化する様子を見るといった感覚的経験を積み重ねるうちに，身の回りの事象に関するイメージを形成していき，その過程において感受したことや考えたことを，乳幼児が自発的に表そうとすることが大切なのである。そのことは，今回の改訂により，前述の表 1-3, 1-5, 1-7 に示した「内容の取扱い」に，共通の下線部分の文言（「その際，風の音や雨の音，身近にある草や花の形や色など自然の中にある音，形，色などに気付くようにすること。」）が加筆されたことからもわかる。それは，乳幼児が個々に「自分なりに」行うことに始まり，やがてそれらを他者と共有し，相互作用の中から表現の創意工夫が生じるものである。その表現の方法は，音声や動き，それらを用いて演じる遊び等を通して育まれるものであり，表現する過程が重要であるということが意図されている。

6　保育・幼児教育における保育内容「表現」の位置

本章では，「幼稚園教育要領」「保育所保育指針」「教育・保育要領」の変遷と確立の過程を辿り，現在の保育内容「表現」に関する理念について考えることを通して，保育・幼児教育における保育内容「表現」の位置づけについて検討してきた。第2次世界大戦後，乳幼児を取り巻く社会的環境の変化にともなって，保育・幼児教育機関に求められる社会的役割が大きくなり，以前は家庭教育の機能であったはずの事項も，子育て支援の充実を図るためとして，親子支援の内容に含まれるようになった。

しかしながら，「幼稚園教育要領」「保育所保育所保育指針」は，1989 年の改訂以降，保育内容「表現」に関して，文言がほとんどといってよいほど，変わっていない。また，「幼稚園教育要領」「保育所保育指針」に基づいて構成された「教育・保育要領」も，保育内容「表現」に関しては，第1次改訂前後でほとんど変わっていない。その理念は，前述の「保育要領」を継承し，発展させたものである。

こうしたことから，保育・幼児教育における保育内容「表現」の位置は，他領域と同様に，活動のねらいを達成する過程で他領域とかかわりながら，遊びを通して統合され，その多面的な発達を可能にする乳幼児の発達の一側面であるということができる。

本章に示した乳幼児の「表現」は，「幼稚園教育要領」「保育所保育指針」「教育・保育要領」の記述にもあったとおり，音声や動きを含む乳幼児期に特有の「表現」である。第2章では，その「表現」がどのように発達していくのかということを中心に述べる。

参考文献

大場牧夫（1996).『表現原論――幼児の「あらわし」と領域「表現」フィールドノートからの試論（新保育内容 シリーズ)』萌文書林

民秋　言（2008).『幼稚園教育要領・保育所保育指針の成立と変遷』萌文書林

文部科学省・厚生労働省・内閣府（2017).『平成29年告示　幼稚園教育要領　保育所保育指針　幼保連携型認定こども園教育・保育要領　原本』チャイルド本社

Piaget, J. (1962). *Play, Dreams, and Imitation in Childhood* (C. Gattegno, & F. M. Hodgson, Trans.). London: Routledge & Kegan Paul Ltd. (Original work publishied 1945)

Parten, M., & Newhall, S. M. (1943). Social behavior of preschool children. In R. G. Barker, J. S. Kounin, & H. F. Wright (Eds.) *Child Behavior and Development.* New York : McGraw-Hill.

第2章
乳幼児期の「表現」の発達について

1　乳幼児期の表現：「表出」

本章では，乳幼児期において，「表現」はどのように発達するのかについて述べる。

乳幼児期の「表現」とは，日常生活経験や遊びにおいて生じるものである。たとえば，赤ん坊が，食事の時にスプーンを持ってテーブルを叩いてみる行動は，あまり意図的ではないが，叩くことでその音を聴き，自然とリズムをとり，もうすぐ食べ物の入った食器が自分の前に置かれることを期待している感情を表現していることになる。また，「食べる」といった毎日欠かせない行動は，自分で座ることができるようになった赤ん坊が，鍋をみつけると，手にとって食べるふりをするといった遊びでのイメージの再現によって表される。しかも，毎日，新しい経験をすることで，事象に対するイメージは修正されながら形成されていくのである。

その際，言葉の発達も生じており，「アーウー」といった音声と共に，手足をバタバタさせるなど身体を動かして，自分の欲求や原初的な感情を伝えようとしたり，あるいは自分の発する音声を聴いて喜んだりするようになる。「あぶぶぶ」「あむあむ」といった母音の喃語が生後4か月頃から始まり，生後6か月頃になると，母親との同一視が始まり，支え無しでも自分で座れるようになり，イナイイナイバアを喜ぶ。生後10か月頃には発声と共に身振りで意思伝達もできるようになっていき，這うことやつかまり立ちができるようになり，音楽を聴いて手足を動かす。1歳頃で母国語の感覚を得られるようになり，立って歩き始めるし，意味のある単語を言ったり，大人の言うことがわかるようになり，模倣もするようになる。1歳半以降になると，音楽に合わせて全身を動かすようになり，物の名前を言い，大人の反応がわかるようになってくる。2歳頃になると，二語文を話し，両足で跳んだり走ったりし，他児との相互作用もできるようになってくる。

このような発達の側面を合わせて捉えていくと，乳幼児は，そのさまざまな側面の発達過程において，毎日多くの「表出」をしている。しかも，言語や行動に感情や社会性の発達がともなうことによって，興味関心をもった遊びに，より集中するようになり，模倣やふりの行動が増すのである。

こうした「表現」は，乳幼児期の自発的な表しであり，「表出」であると捉えられる。大場（1996）は，その著書『表現原論』の中で，これまで表現の仕方をトレーニングされることが中心であったことに対して，そういう表現の土台になっている「表出」という状態を重要視している。「表出」とは，自分の感じたことを無意識のうちに外に表しており，そのことを楽しいと感じる状態である。つまり，表す者が受け手にどう受け取られるかなどということを意識しない「表出」の部分を，乳幼児期に充実させる必要があるということである。

2　乳幼児期の表現：「表出」から「表現」へ

乳幼児期の「表現」を「表出」に対するものとして，よく他者とのコミュニケーションの始まりを軸として捉える考え方がみられる（大場, 1996）。言葉と歌の始まりの時期に関する研究（細田, 2001），さらに進んだ「表現」の発達過程において，幼児の園生活で応答唱の特徴を見出された研究もそうであった（岡林, 2003）。幼児と保育者との関係ならば，幼児の「表出」をシグナルと捉えた保育者が働きかけることによって，幼児の「表出」は「表現」へと方向づけられるのだと考えられる。

このような「表出」から「表現」への移行過程は，幼児の日常生活経験，遊びの中で頻繁に生じている。コミュニケーションという視点からは，前述第1節に挙げた「遊び」が社会性の発達と共に幼児同士の相互作用を増していく中で，幼児達は，どのように表現するかということについて，自分自身や他者の模倣，ごっこ遊び等の社会的遊びを通して，体得していくということができる。もちろん，幼児の直接体験の内容には，教科的な要素も含まれていて，それら全体を含めた表現力が育成されていくことが求められる。そのためには，幼児が自分を出すこと（表出）ができるような自由な雰囲気が必要である。幼児を取り巻く環境に，自由な雰囲気があることで，本来の想像力の発達が促され，認識する力もつちかわれていくのである。

3　2017年改訂による保育内容「表現」に即した乳幼児期の「表現」の発達

2017年3月に同時に改訂された「幼稚園教育要領」「保育所保育指針」「幼保連携型認定こども園教育・保育要領」に共通の目指すところをふまえた「表現」の具体的内容について考えてみる。

まず，「保育所保育指針」「幼保連携型認定こども園教育・保育要領」の保育内容に示されたように，乳児期から，身近なものとかかわり感性が育つことが意図されている。それは，乳児が身近な環境にかかわることで，諸感覚による認識が豊かになり，表情や手足，身体の動き等で表現するという発達的特徴の重要性を示すものである。さらに，1歳以上3歳未満児の保育内容「表現」も提示され，感じたことや考えたことを自分なりに表現することを通して，豊かな感性や表現する力を養い，創造性を豊かにすることが，大きなねらいとされている。このことは，乳児から就学前期まで，長期的な視点に立って乳幼児の発達を捉えるべきであるという考え方を示すものである。同時に，乳児が毎日の成長過程において示す「表出」が，原初的なものであっても，そこには乳児の自ら発達しようとする「表現」の萌芽を読み取り，共感的なかかわりを保育者が行っていくべきであるという示唆を読み取ることができる。それは，「自分なりに表現する」ことが，「表出」から「表現」への移行を促していくことを意味している。

次に，2017年改訂の保育内容「表現」の提示している満1歳以上満3歳未満の「1　ねらい」「2　内容」および「3　内容の取扱い」における乳幼児の表現の発達について，その意味するところを検討する。

■3-1 「1　ねらい」（満1歳以上満3歳未満）について

（1）身体の諸感覚の経験を豊かにし，様々な感覚を味わう。

乳幼児期には，感覚的な経験が重要である。五感を働かせて自らの経験を広げ，自然や社会のさまざまな事象を知っていく。

（2）感じたことや考えたことを自分なりに表現しようとする。

乳幼児期には，(1) の感覚的な経験を遊びの中でイメージとして，繰り返し再現する。その過程で，自らの以前の経験に基づいて考えたことを加えて，今の感覚的な経験を修正したイメージに置き換えて，自発的表現としていくのである。そこに，「表出」から「表現」への移行過程が生じる。

表 2-1 「1　ねらい」の 3 事項

1　ねらい
(1) 身体の諸感覚の経験を豊かにし，様々な感覚を味わう。
(2) 感じたことや考えたことを自分なりに表現しようとする。
(3) 生活や遊びの様々な体験を通して，イメージや感性が豊かになる。

(3) 生活や遊びの様々な体験を通して，イメージや感性が豊かになる。

乳幼児は，生活の中で，初めての体験に驚いたり感動したりする。その強い印象が，事象に対する断片的なイメージとして蓄積され，遊びの中で考える際に想起され，遊びの中での直接体験に加わり，さらにイメージが広がり，豊かになる。

上記のねらいは，「表現」という領域から，乳幼児期の望ましい発達について意図されているものである。次の「2　内容」について，具体的に考えてみる。

■ 3-2 「2　内容」（満 1 歳以上満 3 歳未満）について

(1) 水，砂，土，紙，粘土など様々な素材に触れて楽しむ。

これは，「1　ねらい」に合致するものである。日常生活の中に，乳幼児が直接目で見て，触れ，感じ，その音を聞く，といったことのできる素材は多様にある。

たとえば，「1　ねらい (1)」に関して，乳幼児は，水道の蛇口から出てくる水の勢いを，水に触れて，水の音を聞き，あらためてその様子を目で確認することで，感じることができる。また，砂場で砂を触る乳幼児は，その感触が周囲の土の感触と異なることに気づく。

「1　ねらい (2)」に関して，幼児が砂場の砂で，山を作ったり，型抜きに湿った砂を入れておもちゃの皿にそれをひっくり返して見立て遊びをしたりすることによって，自分なりの表現をしようとする。その際，幼児は，自発的な遊びを展開させると同時に，砂という素材の性質を知り，感触を楽しんでいるという点で，「1　ねらい (1)」を達成することになる。

こうした素材へのかかわりによって，幼児は，それぞれの乳幼児の発達過程に応じて異なった反応を，素材から得ることができる。その素材は，自然の中にある素朴で簡素な物であればあるほど，可塑性があるために，乳幼児に対してさまざまな応答をすることができ，長い年月にわたって応答的環境となり得るのである。その長期間にわたる生活や遊びのさまざまな体験を通して，幼児は，「1　ねらい (3)」を達成することができる。

表 2-2 「2　内容」の 6 事項

2　内容
(1) 水，砂，土，紙，粘土など様々な素材に触れて楽しむ。
(2) 音楽，リズムやそれに合わせた体の動きを楽しむ。
(3) 生活の中で様々な音，形，色，手触り，動き，味，香りなどに気付いたり，感じたりして楽しむ。
(4) 歌を歌ったり，簡単な手遊びや全身を使う遊びを楽しんだりする。
(5) 保育士等からの話や，生活や遊びの中での出来事を通して，イメージを豊かにする。
(6) 生活や遊びの中で，興味のあることや経験したことなどを自分なりに表現する。

つまり，さまざまな素材に触れて楽しむことによって，幼児が事象に対するイメージを形成し，遊びを自ら展開させていき，保育者や幼児同士の相互作用が生じることによって社会性が発達するといった保育・教育的効果が促されるといえよう。

(2) 音楽，リズムやそれに合わせた体の動きを楽しむ。

乳幼児期の発達において，音を聞くこと，音に気づくことは重要である。特に言葉の発達には不可欠であり，日常の生活音に気づくことは，楽音の識別にもつながっていくことである。そうした音への気づきに基づいて，乳幼児は，音楽を聴くことができるようになる。また，乳幼児は，日常生活の中でさまざまなリズムを感じ取っている。たとえば，歩いたり，走ったりといった日常動作にともなうリズムは，幼児が動きながら感受しているものである。音楽を聴きリズムを感受した幼児が，それらに合わせて身体を動かすのは，自然で自発的であることが多い。生後 10 か月頃の乳児は，音楽を聴いて上体を揺らしたりするし，また，つかまり立ちから歩みができるようになりつつある乳児も，音楽に合わせて，膝を曲げ伸ばししたりする。言葉や他の表現方法が未熟である乳幼児期には，自身の欲求を身体全体で訴えるのと同様に，音楽やリズムの感受を，身体全体で表そうとするのである。

このように，乳児が，音楽を聴くことが楽しく，自然に身体を動かすという反応を継続的に行うことから，やがては，幼児期に自分の音楽に対するイメージを全身で表現するということへと発達していく。

(3) 生活の中で様々な音，形，色，手触り，動き，味，香りなどに気付いたり，感じたりして楽しむ。

これは，「2　内容（1）」と密接に関連するところであり，さまざまな素材に触れて遊ぶことによって，おのずと音，形，色，手触り，動き，味，香りなどに気づいたり，感じたりすることになる。その経験の積み重ねによって，日常のさまざまな事象に対するイメージが形成され，想像したり認識したりすることにつながっていくのである。

(4) 歌を歌ったり，簡単な手遊びや全身を使う遊びを楽しんだりする。

これは，「2　内容 (2)」と密接に関連するところである。乳幼児期には，音楽やリズムに気づいて聴くことで，自発的な身体の動きが生じ，それがもとにあることで，歌を歌ったり，簡単な手遊びや全身を使う遊びを楽しんでするようになる。後述する音楽的表現の章で具体的に述べるが，歌いながら日常生活に近いところでのイメージをふりの動きで表現したり，リズムを身体の動きで表現したりするのが，この時期の手遊び，歌遊びの特徴である。それらの活動は，乳幼児が興味をもちやすいということばかりでなく，感じたことや考えたことを自分なりに表現して楽しむという発達的特徴を捉えているために，有意義である。

(5) 保育士等からの話や，生活や遊びの中での出来事を通して，イメージを豊かにする。

保育士等からの話や，生活や遊びの中で経験した出来事を，幼児は再度，内面で想像したり，次の遊びの中で想起して再現，あるいはそこに自分のイメージを加えたりして，さらにイメージを広げていく。そのことによって，イメージが豊かになると同時に，何かを創り出す想像力である創造的想像力の発達が促されるのである。

(6) 生活や遊びの中で，興味のあることや経験したことなどを自分なりに表現する。

このことには，「2　内容」の前述部分が密接に関連している。乳幼児期の生活は遊びがすべてであり，興味のあることや経験したことを，各々が自分なりの方法で表現する。特に，幼児は，自分の経験を遊びの中でイメージとして再現し，再演してみることによって，さまざまな事象を認識している。そこで，この時期には，模倣やふり遊びが多く，その際，音声や全身の動きを用いて表現しようとする傾向にある。

■ 3-3 「3　内容の取扱い」(満1歳以上満3歳未満) について

内容の取扱いは，保育者がどのように乳幼児にかかわると乳幼児の発達の援助に

表 2-3 「3　内容の取扱い」の 4 事項

3　内容の取扱い
上記の取扱いに当たっては，次の事項に留意する必要がある。 （1）園児の表現は，遊びや生活の様々な場面で表出されているものであることから，それらを積極的に受け止め，様々な表現の仕方や感性を豊かにする経験となるようにすること。 （2）園児が試行錯誤しながら様々な表現を楽しむことや，自分の力でやり遂げる充実感などに気付くよう，温かく見守るとともに，適切に援助を行うようにすること。 （3）様々な感情の表現等を通じて，園児が自分の感情や気持ちに気付くようになる時期であることに鑑み，受容的な関わりの中で自信をもって表現をすることや，諦めずに続けた後の達成感等を感じられるような経験が蓄積されるようにすること。 （4）身近な自然や身の回りの事物に関わる中で，発見や心が動く経験が得られるよう，諸感覚を働かせることを楽しむ遊びや素材を用意するなど保育の環境を整えること。

つながるか，そのためにどのような環境構成を行うことが望ましいかということにつながるものである。それについては，表 2-3 のように 4 事項が挙げられている。

（1）について，乳幼児期の「表現」が「表出」から始まることが定義されている。それらを積極的，共感的に受け止めることが大切であり，安心して乳幼児が表現の発達を遂げられるような雰囲気を醸成していくことが示唆されている。

（2）について，乳幼児期の表現には，楽しさや試行錯誤の過程があり，乳幼児の主体性を重んじたかかわりが必要であることが示されている。大人からみて未熟であるように感じられても，乳幼児にとっては「表出」「表現」をすることやその過程が重要なのであり，そこに大人が完成作品や技術の精巧さを追い求めるべきではない。

（3）については，「3　内容の取扱い（1）（2）」に基づいて，発達の過程で，幼児が無意識のうちに表していたことも，多くは感情によるものであるということを，幼児自身が気づき，次第に意図的な表現を行うようになることを指している。幼児が自分を出せる，自発的な表現ができるような自由な雰囲気を保持できる保育者の受容的な態度が求められている。さらに，幼児を主体とした活動が継続されて何かができるようになった，あるいは完成したといった達成感を幼児自身が感じられるような保育者のかかわりが重要である。そうした経緯があってこそ，幼児は自信をもって，次の活動に向かうことができるのである。

（4）については，保育者に十分に考慮した環境構成が求められているということを意味している。「3　内容の取扱い（3）」のような幼児が達成感を得られる状態へと導くためには，保育者が環境による間接的な動機づけを行う必要がある。環境には，感覚的経験のための素材が含まれていることが重要である。そのような考慮された環境による動機づけによって，幼児が気づき，何かを発見して興味をもつことで，幼児自身によって創り出される過程が遊びの持続展開へと導かれることを，保育者が想定して行動するべきなのである。

4　乳幼児期の「表現」の発達とは

乳幼児期の「表現」の発達とは，第3節に示したように，保育内容「表現」のねらいと内容に提示された乳幼児期の日常生活や遊びにおける感覚的な経験に基づくものであることがわかる。しかも，それは，乳幼児期の多面的な発達，すなわち，認知（言葉）の発達，運動の発達，感情の発達，社会性の発達，といった諸側面での系統的な発達が，相互に関連しながら進んでいくその過程にみられるひとつの視点から捉えられたものなのである。

その多面的な発達を示す例として表2-4，表2-5を示す。それらは，バーク（Berk, 1996）の図表を参照し検討して，筆者が作成したものである。表2-4，表2-5に示した多面的な発達の過程において，「表現」の発達は，乳幼児を捉える場面ごとに，またどの部分からみるかによって，異なってくるものである。乳幼児期の「表現」には，「総合的な表現」という言葉がよく用いられるように，音声，動き，言葉等のさまざまな要素が含まれているのである。

表 2-4　乳幼児期の発達（0 歳から 2 歳まで）

年　齢	身体的発達	認知的発達	言葉の発達	感情・社会的発達
0 か月 〜 6 か月	・急速な身長の伸び，体重の増加 ・反射の減少・睡眠に日夜のきまりができる ・頭を持ち上げる ・寝返り ・聴覚の発達（会話の響きに対する感受性） ・奥行きやパターンの認知	・大人の顔の表情の模倣 ・うれしいことや興味のあることを動機づけられて繰り返す ・人・場所・物に関する記憶の認識	・喃語 ・養育者への注目（関係の確立）	・基本的な感情のサインを表す（うれしい，興味，驚き，恐怖，怒り，悲しみ，憎しみ） ・社会的微笑や笑いが生じる ・顔と顔との相互作用的なコミュニケーション ・大人の感情表現に合わせる
7 か月 〜 12 か月	・一人で座る，這う，歩く ・物をつかむ ・会話を大まかに認識して理解する ・奥行きやパターン認知がよくなる	・感覚運動シェマを組み合わせる ・意図的・目的のある行動をする ・一つの場所で隠れた物を捜す ・大人の行動の遅滞模倣 ・人・場所・物に関する記憶を想起する	・喃語に会話の音が多く含まれるようになる ・コミュニケーションのための言語以前のジェスチャーをする	・怒りと恐怖の増加 ・未知のものへの心配 ・分離不安 ・探索行動をするが，養育者を安全基地とする ・よく知っている自分の養育者へのはっきりした愛着を示す（アタッチメント）
13 か月 〜 18 か月	・身長・体重の緩やかな伸び ・歩く ・鉛筆でのなぐりがき ・積み木を 2・3 個積む	・二つ以上の隠れた場所で物を見つける ・能動的に物を類別する ・文脈の中で変化する行動を模倣する（日常生活の中で学んだこと）	・好んで「いないいないばあ」のような遊びをする ・最初の言葉を言う	・兄弟と能動的にかかわる ・鏡や映像の中の自己を認識する ・共感のサインを示す ・大人の言うことに従うことができる
19 か月 〜 24 か月	・跳ぶ・走る・のぼる，ができる ・うまく調整しながら物を操作できる ・4 〜 5 個の積み木でタワーを作る	・視界にない物を捜して見つける ・現実に行われていなくても，大人がしようとしたこと，より複雑な行動の模倣をする ・「ふり遊び（make-believe play）」をする ・物の類別ができる	・語彙が 400 語程度までに増加していく（ただし文法はわからない）	・自己を意識する感情の芽生え（羞恥心，困惑） ・感情に関する語彙 ・感情の自己統制を助ける言語を用い始める ・養育者がそこにいないことに耐える ・自分のイメージを表す固有名詞，自分の名前を用いる ・自己と他者を年齢や性別によって類別 ・性別による典型的なおもちゃの選び方 ・自己統制が生じる

表 2-5　乳幼児期の発達（2 歳から 6 歳まで）

年　齢	身体的発達	認知的発達	言葉の発達	感情・社会的発達
2 歳	・身長・体重のゆっくりした伸び ・バランス感覚の改善 ・歩行がうまくなる ・走る，跳ぶ，ホップ，投げる，受け止めることができる ・スプーンをうまく使う	・「ふり」が自己中心でなくなっていき，本物のおもちゃへの依存が減り，より複雑になる ・単純な状況での他者の立場を理解する ・認知・記憶の発達がよくなる ・内面の精神的な部分と外面の物理的な部分との差異に気づく	・語彙の急速な増加 ・母国語の基本的な言葉の順序がわかる ・会話が少しできる	・自己概念や自己評価の発達 ・意図的でない行動から意図的な行動を区別 ・協調と攻撃が生じる ・基本的な感情の要因と結果の理解 ・共感の増加 ・性別に特有の信条や行動の増加
3 歳 ～ 4 歳	・走る，跳ぶ，ホップ，投げる，受け止める，がうまく調整されるようになる ・ギャロップ，スキップが生じる ・三輪車に乗る ・はさみを用いる ・初めて人物の絵を描く	・よく知っている状況の理解 ・既知の物を段階づける ・独語を用い行動する ・筋書きの中に身近な経験を想起する ・違う状況でも覚えた情報を一般化できる ・書かれた言語の特徴にいくつか気づく ・少ない数を数える	・時々文法の逸脱 ・年齢，性別，社会的地位にあった会話で文化的に受け入れられるものを理解する	・感情の自己統制が改善される ・恥，困惑，罪悪感，羨み，自慢といった自己を意識する感情がさらに表れる ・非社会的行動の減少 ・活発な遊びの増加 ・敵対による攻撃の増加 ・最初の友達関係の形成 ・同性の遊び仲間への嗜好が増す
5 歳 ～ 6 歳	・体つきの変化 ・大人のプロポーションに近づく ・最初の永久歯 ・スキップができる ・動きにスピードと持久力が加わる ・より精巧な絵を描く ・名前を書く ・アルファベットのような視覚的な形の識別がよりできるようになる	・現実から見かけを区別する ・意図的に物事に注目する ・筋書きのある記憶がよくなる ・文字と音がつながっていることを理解する ・数を数える，逆に数える，単純な足し算引き算ができる	・語彙が 2500 から 3000 語程度に到達する ・文法的な理解	・人々の意図を理解する ・他者の感情的反応を解釈・予測したりする能力の改善 ・共感を表現する言語 ・道徳的なルールと行動の獲得 ・性的差異の把握

第 3 章以降では，動き，音楽といった各視点に特化して，「表現」について考えていきたい。

参考文献

大場牧夫（1996）.『表現原論――幼児の「あらわし」と領域「表現」フィールドノートからの試論（新保育内容 シリーズ）』萌文書林

岡林典子（2003）.「生活の中の音楽的行為に関する一考察――応答唱《かーわってー・いいよー》の成立過程の縦断的観察から」『保育学研究』*41*(2), 210–217.

厚生労働省・内閣府（2017）.「保育所保育指針」「幼保連携型認定こども園教育・保育要領」の各2章

細田淳子（2001）.「ことばの獲得初期における音楽的表現――子どもがうたい始めるとき」『東京家政大学研究紀要』*41*(1), 107–113.

Berk, L.（1996）. *Infants, Children, and Adolescents*, Allyn & Bacon.

第2部
各　論

第３章　乳幼児期の身体表現
乳幼児の発達理解と豊かな身体による表現を目指して
第４章　発達をふまえた幼児の身体表現活動の実践
第５章　乳幼児期の音楽的表現
第６章　幼児の音楽的表現を促す音楽教育方法について
第７章　乳幼児期の造形表現

第3章
乳幼児期の身体表現
乳幼児の発達理解と豊かな身体による表現を目指して

1　表現の意味と乳幼児の発達を理解しておく意味

表現とは，内的な感情や思いを，絵画や音楽，言葉などさまざまな方法によって外に表すことをいう。

媒介の手段は，身体の部位や動きによる場合，絵や工作などの絵画造形表現，言葉で伝える場合の言語表現，これらのいくつかを組み合わせて表現する複合的表現などさまざまにあるが，何らかの手段を媒介として，感情や思いを他者に対して伝えたいという意図をもって行う行動を表現活動という。ただ，2歳頃までの乳幼児の場合，意思をもって意図的に感情や思いを表現したいと思ったとしても，言葉は十分に発達しておらず，からだの動きを制御する神経系の発達も十分ではなく，私たちが思っているような文化的・芸術的で洗練された表現とならないのが普通である。

一方，内的な感情や思いを外に表すということでは，これよりもずっと前の乳幼児期から行われており，「何かを見て感動し，強い感情が無意識のうちに言葉や声，からだの動きになって自然とあふれ出る」表出は，頻繁に目にする。

本章では，無意識の表出から意図的な伝達，創造的な営みとしての表現へと発展していく表現行為の成長深化がいかに子どもの心身の発達に影響されているか，みていきたい。また，適切な表現活動の指導のためにも，子どもはどのように心身両面で発達をとげていくのか，発達的変化への理解を深めることが必要である。

2　乳幼児の心身の発達を概観する

■ 2-1　乳幼児の身体的発育・発達と生理的特徴

身体が発達するとは，身体のある部分や全体が量的に増大することをさす発育と，機能的な働きが向上していく質的変容を合わせた広い意味で用いられる。発達には

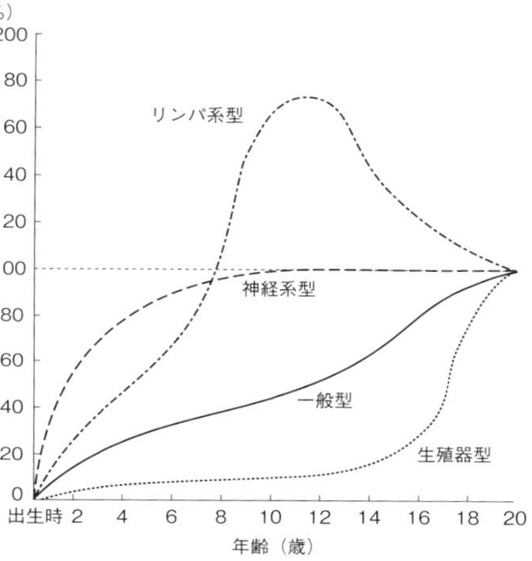

一　般　型：全身の外形計測値（頭径をのぞく），呼吸器，消化器，腎，心大動脈，脾，筋全体，骨全体，血液量
神経系型：脳，脊髄，視角器，頭径
生殖器型：睾丸，卵巣，副睾丸，子宮，前立腺など
リンパ系型：胸腺，リンパ節，間質性リンパ組織

体組織の発育の４型。図には，20 歳（成熟時）の発育を 100 として，各年齢の値をその 100 分比で示してある。

図 3-1　スキャモンの臓器別発育曲線（松尾, 1996）

部位別，機能別，個体別，時間経過・時期別に変化の差異というものがあり，特に乳幼児期は一生のうちで最も発育・発達が著しい時期であるとされる。とはいえ，からだの部位や機能の全側面がこの時期に一点集中，あるいは一気に発達を遂げていくというわけではない。

図 3-1 は，スキャモン（Richard Everingham Scammon, 1883〜1952）による器官別の発育曲線である。成人（20 歳）の時の発育量を 100%とし，各年齢でどの程度発育が進んでいるかを表した模式図である。曲線は，一般型，神経系型，リンパ系型，生殖器型の 4 つの器官別で表されている。一般型は形態（身長，体重，座高，胸囲など）の他，筋肉，骨格，諸臓器などの身体組織の発育状況を示し，神経系型は，脳，脊髄など神経組織の発育を表す。リンパ系型は免疫等にかかわるリンパ組織の発育，生殖器型は生殖器の発育を示している。図のように，乳幼児期では一般型，神経系器官の発育・発達が著しいことがわかる。

乳幼児期は，一生のなかでも身長や体重などからだの発育（量的な増大を意味する）の割合が最も高く，骨格や内臓器官も発達する（一般型）。

また，この時期に各器官の中で最も早く発育するのは脳神経系である。頭部は出生後，他のからだの部分に比べ，急速な発育を続ける。出生時，脳の重量は約 350〜

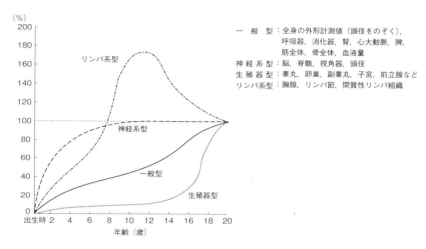

図 3-2　乳幼児の移動運動の発達（高石・樋口・小島, 2007）

370g であるが，4～5 歳で成人（約 1,300g）の脳重量の約 80%，6～7 歳では約 90% に達する。脳の発達は心身の発達とも相互に関連し合って，乳幼児期を一層重要なものにしている。

さらに神経系を中枢で支配する脳の発達は，脳重量が増加するばかりでなく，脳神経細胞の配線（シナプス結合）が急速に張り巡らされていき，感覚機能が目立って向上する。この脳神経細胞の発達は，運動機能の発達，言葉の発達などとも密接にかかわってくる。特に，運動を上手に行ったり，立位姿勢を保持するために身体のバランスをとったり，複数の運動を同時に行ったり，調整したりする運動機能の発達は，神経系の器官の十全な発達がなくては成し遂げられない。図 3-1 にあるように，神経系の発達が 6 歳で成人のおよそ 90% に達するために，幼児期にはすでに大人と同じような 80 種類もの多様な動きを獲得できるといわれている。また，シアリーは，乳幼児が独立歩行できるようになるまでを追跡調査し，発達時期の標準を明らかにしている（図 3-2）。この研究によると，発達の速さには個人差があるものの，概ね順序は変わらないとされている。

また，神経系の器官の発達を基盤とする運動機能については，直立二足歩行に始

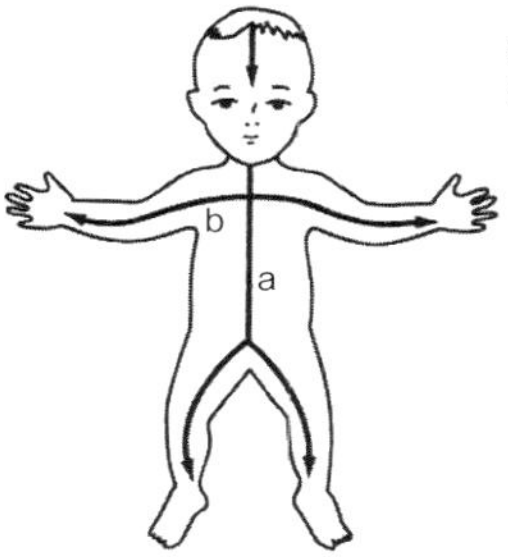

図 3-3　グッドイナフが示した身体や運動機能の発達の方向（橋口, 1992）

まるからだ全体の移動とバランス調整（粗大運動）に関する発達と，手や指の細かい動き（微細運動）の発達があり，グッドイナフ（Florence Laura Goodenough, 1886～1959）が示したように，「頭部から肩，腰など下部へ」「肩から腕，手首，太ももから足首など中心から末端へ」という方向で，かつ「全体的な動きから細かな運動」の順序で発達するとされている（図 3-3 参照）。たとえば，子どもが歩けるようになるには，まずは頭を持ち上げた姿勢を保持でき，寝返り（頭）ができるようになり，背中や腰がしっかりして一人座りができるようになり（背中・腰），脚でからだを支えてつかまり立ちできるようになってはじめて，完全な二足歩行（脚）へと進んでいくことからもわかる。また，子どもの物をつかむ動作は，熊手状把握→直交把握→ピンチ把握のように一体となった動きから各部分の細かな動きへと進化していく。

図 3-4 は，乳幼児期の運動機能の発達について，各年齢の何％の子どもがある運動を行うことができるのか通過率で示したものである。つかまり立ちは，生後 7～8 か月で 30％を超える数の子どもが，また生後 11～12 か月で 90％以上の子どもが行う。

さらに，運動機能の発達は，心や人とのかかわりの発達と密接に関連していることも見逃せない。たとえば，おもちゃを取ろうとする行動は，運動機能の発達（手を伸ばす，つかむ）と心の発達（おもちゃに興味をもつ，自らかかわろうとする）が相互に関連している。

また，運動機能の発達は子どもに視界や行動範囲の広がりをもたらし，子どもに働きかけ，応じる人との人間関係も進展させ，言葉の発達を促す。生後 6 か月頃に始まる指さしは，子どもが他者と第三の対象を共有するコミュニケーションが可能になったことを意味し，言葉の発達において非常に重要な契機であるとされる。単

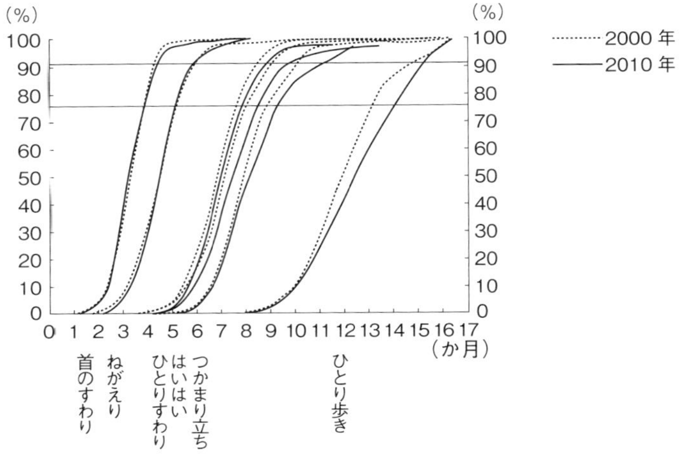

図 3-4　乳幼児の運動機能の発達の通過率（厚生労働省雇用均等・児童家庭局, 2012）

純な指さしから，移動をともなった，他者を巻き込んでの指示行為は言葉の発達に大きなはずみとなる。

このように，脳の発育を含む神経系の発達は，5～6 歳頃には，成人のほぼ 90% のレベルに達するため，神経系の発達に着目し，この発達を促進していくことが，乳幼児期の保育・養育にとって重要な観点となっている。また，神経系器官の発達が著しい幼児期は，日常活動の基盤となる基礎的で多様な動きを最も効率的に身につけることができ，この時期を逃すと運動の習得が難しくなる貴重な時期ということで，運動形成における「敏感期」という言い方もされる。

■ 2-2　心の発達

心（精神）の発達は，感覚，知能，情緒および社会性などの側面からなり，これらは相互に関亘して発達する。また，心の発達は，身体的発育・発達が基盤となって進むとともに，それが契機となり一層加速度的に発達していくこととなる。

(1) 感覚の発達

まず，感覚・運動機能の発達については，言葉や思考が未発達の 2 歳頃までは，感覚やからだの動きが外界との重要な接触手段になる。聴覚は最も早くから育っており，お腹の中にいる頃からすでに，音は聞こえている。視覚も，新生児は明暗や物の輪郭がぼんやりと認識できるくらいであったものが，2か月になる頃には，吊り下げられたおもちゃなどを追うようになる。また，積極的に乳幼児は，物をつかもうとし，口に入れて舐めるなどして事物を感じとる（触覚・味覚）。このように，乳児期には五感を使った探索行動をさかんに行い，身近な人や環境についての情報を取り込もうとする。

乳幼児の基本姿勢が臥位から座位へ，そして幼児期の立位へと移るにともなって，子どもの感覚や運動機能は，からだ全体を動かし，楽しく遊ぶ中で発達する。先にも述べたように，からだや運動機能の発達には一定の方向と順序がある。座れるようになって手指の自由度が増すと，把握機能が発達してくる。「手は突き出た大脳」といわれ，手指の発達が脳を刺激して発達を促し，脳の発達がその他の分野の発達を促していく。細かな動作が可能になり，道具なども使えるようになれば，遊びは豊かなものになっていく。

(2) 知能の発達

次に，言葉・記憶・推理・判断などの能力である知能の発達についてみていく。知能の発達には，感覚や運動機能の発達，情緒の安定，遊びなどが重要な役割を果たす。

まずは言葉の発達について。乳児は自分の意思を言葉で表すことはできず，泣くことで空腹やおむつの汚れ，痛み，眠気などの不快感を表現する。生後4～5か月頃には喃語を発するようになるが，この時に保育者があやす行動などをして応答的に対応し，身近な人がいつも暖かく応えてくれる心地よさ，面白さ，安心感を体験させることが大切である。なぜなら，泣き声や喃語などの子どもの発声は，まだ言葉が出ない子どもにとってコミュニケーションの手段だからである。

6か月を超える頃には指さしをさかんにするようになり，これにより感情や情報を他者と共有する準備が整うと，指さしによって何かを指し示して自分の欲求を伝えることと，それに身近な大人が「あ，マンマね」「あ，ワンワンね」などと応えることによって子どもの中で「気持ち」や「対象」と「言葉」が結びつくことになり，1歳前後に初語が出現する。

1歳～1歳半頃には一語文，1歳半から2歳頃には二語文を話すようになる。2歳を過ぎるころからは語彙も急激に増加し3歳頃には多語文，4歳頃には大体の日常会話ができるようになる。『平成22年 乳幼児身体発育調査』（厚生労働省雇用均等・児童家庭局, 2012）によると，実際の対象を指して発音される単語が一語以上ある（一語以上の言葉を話す）乳幼児の割合は，生後1年6〜7か月未満で90%を超えることが明らかになっている。

次に思考の発達についてみていく。子どもは1歳半頃までは，つかんだ物を振り動かしたりして，音や固さ，手触りなどを感じとって理解するが，頭でイメージを思い浮かべることはまだ完全にはできない。乳幼児は実際に物や人とかかわる中で，物の性質や仕組みなどを経験を通して理解する。ピアジェは子どものこのような認知のあり方を「感覚運動的知能」とし，0〜2歳までのこの時期を「感覚運動期」と呼んだ。また，この時期には飽きもせず何度も物を投げたり，同じことを繰り返す「循環反応」が見られるとしている。

1歳頃になると徐々にイメージを思い浮かべることができるようになり，現実の物を異なる物に見立てたり，現実とは異なる役割を演じたりする「見立て・つもり（振り）遊び」「ごっこ遊び」がさかんになる。おままごとで葉っぱがお皿になり，子どもは自分のお母さんのイメージそのままに，お母さん役になりきって遊ぶ。

2〜4歳では，頭の中でイメージをつくる働きが活発になり，「模倣遊び（より高度なごっこ遊び）」ができるようになる。模倣遊びを支えるイメージをつくる働きの完成は，身体表現活動の展開において重要な意味をもっている。

さらに，3歳頃からは急速に運動機能が向上し，運動遊びなど全身を使った遊びが活発化するが，その過程で身体性に根差す空間認知，すなわち「上下」「前後」などの空間概念を獲得する。上下はほとんどの3歳児が理解し，前後はその後に理解できるようになる。「左右」にいたっては5歳でも6割くらいの子どもが理解できる程度である。

身体部位の認知については，2歳頃までには頭，目，鼻，耳など頭部の部位が認知され，手，足，お腹，お尻などの部位も3歳頃までには理解されるようになる。

時間的概念の認知については，4〜5歳で速い・遅いなどの時間の流れがわかるようになり，音楽やリズムに合わせて，ずれることなくタイミングよく動くことができるようになる。集団で動く場合も，周りの動きのタイミングを意識して，自分の動きをコントロールすることができるようになる。縄の回る速さやボールの転がる速さが体感的にわかってくると，縄跳びやボール遊びが格段に発展する。

また，認知機能について，子どもの世界についての見方・感じ方は年齢とともに変わっていくが，4〜7歳頃の子どもは，論理的判断よりは見かけの判断が優勢である。たとえば幼児は，すべての事物に心や生命があると考えているし，児童初期でも，動くものすべてに心や命があると考える。11歳頃になって初めて動物にだけそれがあると認識するようになる。したがって，お湯が沸騰するのを見て「ポットさんが怒っている」というのも，ある意味自然な反応といえなくはない。子どもはこのような独自の世界観から，大人とは違ったある意味創造的な世界をつくりあげる。この子ども独特の世界観を大切にしながら，表現活動の指導を行っていくことも大切なポイントである。

(3) 感情の発達

一方，感情の発達については，喜び・驚き・悲しみ・怒り・恐れなどの基本的感情と呼ばれるものは生後6〜8か月の間にほぼ出揃うとされている。3歳半頃の幼児前期には悲しい話を聞いて泣くなど感情の共有ができるようになることが明らかになっており，絵本や物語，お話，テレビなど見聞きし，主人公に感情移入して涙を浮かべたりするのもこの時期のことである。ストーリー性のあるお話を楽しむようになるのはこの時期以降である。

(4) 社会性の発達

社会性は自他を区別する意識（自己意識）の確立が契機となって急速に発達を遂げるが，最初は身近な大人とのかかわりを通して発達する。

生後3か月頃から人の顔を見て微笑み返す社会的微笑が現れ，7か月頃からは無視されると怒り，人見知りが始まる。1歳を過ぎると「自分で」といった自己主張をするだだこねが現れるが，これは自我の芽生えが関係している。この時期の「自分でやりたい」という気持ちを尊重し，達成感を充足できるように接すると，子どもの自信が育まれる。

2〜3歳頃になると自我はさらに発達し，自己主張が増し反抗期になる。この時期にはまだ言葉で複雑な感情や理由の説明ができないため，かんしゃくを起こしたり，「いや」「だめ」を繰り返したりと反抗することが多くなる。また，この2〜3歳の第一反抗期は，自己意識を発達させ，感情のコントロールを身につけていく上で大切な時期でもある。やがて言葉の発達とともに，我慢や譲ることなど自分の欲求や感情をうまくコントロールすることができるようになっていく。

2歳半頃からは対人関係の輪が広がるとともに，それまで養育者（大人）との一対一の関係が中心であったものが子ども同士のかかわりや遊びを通じて，自己表現，協調性や思いやり，ルールやマナーを身につけていくようになる。

3　乳幼児の発達と遊びの発展

「幼稚園教育要領」の「第１章 総則 第１ 幼稚園教育の基本１・２」には，「幼児は安定した情緒の下で自己を十分に発揮することにより発達に必要な体験を得ていくもの」であり，「幼児の主体的な活動を促し，幼児期にふさわしい生活」を準備することが重視されなければならない，幼児の主体的・自発的な活動としての遊びは，「心身の調和のとれた発達の基礎を培う重要な学習であることを考慮して，遊びを通しての指導を中心として」ねらいや内容が達成されるようにしなければならない，と記されており，主体的・自発的な活動としての遊びや日常の生活体験を保育・幼児教育実践の根本に据えることの重要性が指摘されている。また，「保育所保育指針」の「第１章 総則 １ 保育所保育に関する基本原則 (3) 保育の方法 オ)」では，「……乳幼児期にふさわしい体験が得られるように，生活や遊びを通して総合的に保育すること」と記されている。

また，ドイツの教育学者フレーベルも「子どもは遊ぶことにより楽しみながらさまざまなことを学んでいく」とし，乳幼児期の子どもの発達における「遊びの重要性」を指摘している。このように，数々の教育学者も指摘するところであり，教育要領や保育指針等にも明示されているとおり，遊びは保育・教育実践の基礎であるという考え方は，いわば自明のこととなっている。ただ，成長・発達の著しい乳幼児期には，その遊びの形態も内容も大変な勢いで変容を遂げていくため，ふさわしい保育・教育を展開していくには，この遊びの発展の様子とその遊びの特徴について理解しておく必要があろうし，日々展開される遊びから教育的意味を読み取り，ふさわしい実践指針を考える力が大事になってくる。

では，遊びを通しての指導という時の「遊び」とは，どう理解しておけばよいであろうか。カイヨワ（Roger Caillois, 1913～1978）は『遊びと人間』の中で，ある活動が「遊び」として成立するための成立要件について考察しているが（カイヨワ, 1970），子どもの遊びに限っていうと，山田が『遊び論研究』の中で指摘するように（山田, 1995），日常のさまざまな活動が本人にとって「遊び」として成立している時の代表的な徴表は表3-1の３点といえる。

すなわち，子ども自らが自分の欲求にしたがって能動的に活動を始め，外側・他者から特別な目的が与えられてそのために行動するのではなく，ただ面白いから熱中している状態が「遊び」，ということができるであろう。

次に遊びの形態について概観する。子どもの遊びの発展プロセスを理解しよう

表 3-1　遊びが成立しているときの微表

自発的活動	受身ではなく自発的な欲求に基づき環境に能動的に働きかける
自己目的性	何かを成し遂げようとする目的に向かっての行為ではなく，プロセスそのものが楽しいため，そのプロセス自体が目的となっている活動
楽しさの体験	自分の欲求に基づき，したいことをする喜びがあり，大好きな活動に熱中する楽しさがあること

表 3-2　ビューラーによる遊びの分類

機能的遊び	運動機能や感覚機能の発達にともない活発化する手足を動かしたり，音を出したり，物の存在を確かめたり探索したりする遊び。幼児期前期に多い
想像的遊び	大人の生活を再現しようとする模倣遊びなど。遊びの中で想像性が発揮される。記憶やイメージを想起する能力が発達する 3〜4 歳頃に多くみられる
受容的遊び	絵本を見て楽しんだり，童話を聞いたり，音楽を聞いたりして楽しむ遊び。幼児期前期に多いが，3〜4 歳で一時減少し，共感力，想像力がついてくる 6 歳以降に再び増加する
構成的遊び	積み木，粘土などで物を作ったり組み立てたりする。描画など，幼児期後期に増加する

とすると，遊びの形態と心身の発達の 2 軸のマトリックスとして捉えることが必要だからである。

発達学者ビューラーは，心理的機能の発達という観点から子どもの遊びを表 3-2 のように分類している（山田, 1995）。

同じくピアジェは，子どもの心理的発達によって①機能的遊び，②象徴的遊び，③構成的遊び，④ルール（規則）遊びに分類した。遊びの分類にルールという枠組みを持ち込んでいる点が他に比べて特徴的である。

一方，パーテンは社会性の発達という視点から①一人遊び，②傍観者的遊び，③平行遊び，④連合遊び，⑤協同遊びという分類を行っている。運動遊びや身体表現活動の指導では，他者や集団とのかかわりが意識され始める「連合遊び」の時期から，集団の中での自身の役割と貢献が意識される「協同遊び」の時期での働きかけが大切になってくる。

以上のような遊びの分類を参考に，表現活動の展開の際に指針となるような，遊びの発達図式を得るとすれば，図 3-5 のようになるであろう。

乳児の遊びは，手足を動かしたり，這う，立つ，歩くなどの全身を動かす機能遊びや，物とかかわる感覚遊びが中心で，遊びの相手は大人である。

イメージを思い浮かべることができるようになり，運動機能が発達する幼児期前

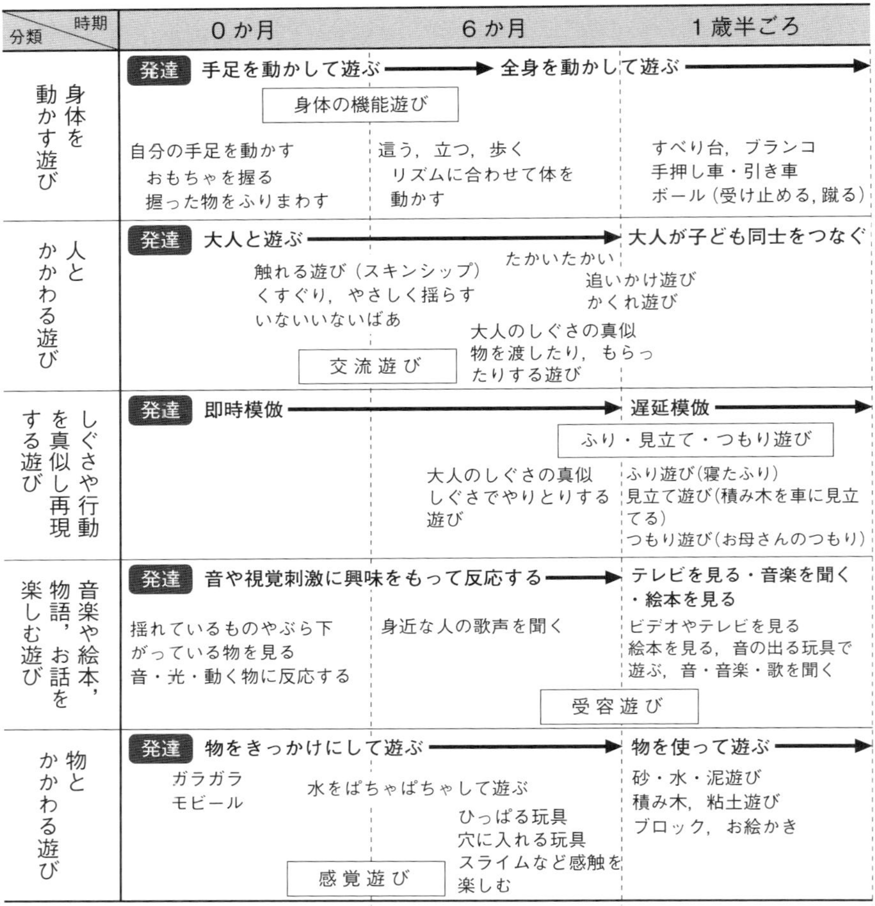

図 3-5　遊びの種類と発達

（高校家庭科学習指導書編集委員会（2017）を中心に，渡邊（2002），瀧（2011）等を参考として著者作成）

期は，活発にからだを動かす運動遊びがさかんになり，ごっこ遊びの前段階である見立て・つもり遊びが行われるようになる。ただ，左右の手や足で，別々に違う動きをするとか，手と足同時に違った動きをするといった協応動作や，手指の器用な動きといったものはまだ十分できず，大人のような複雑な動きを再現できるようになるまでは，時間が必要である。また，積み木，ブロック，砂・泥遊び，お絵かきなどの構成遊びも行われる。基本的にこの時期では，ルールに則った高度な集団遊

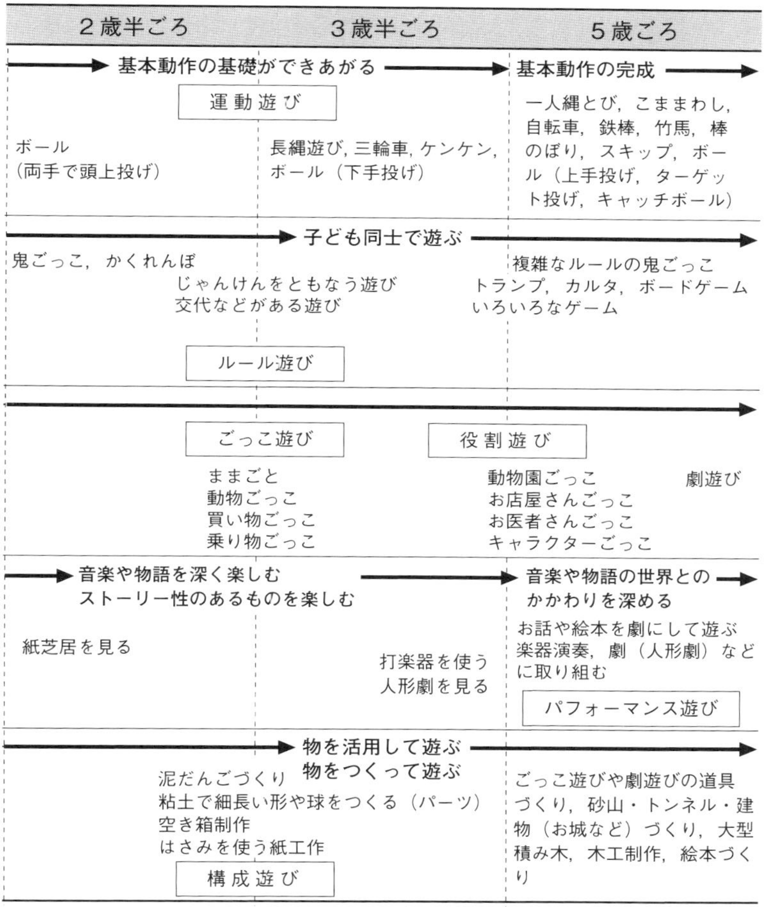

図 3-5　遊びの種類と発達（続き）

びはまだできず，大人が子ども同士をつなぐ役割を果たす中で，徐々に子ども同士で遊べるようになっていく。

幼児期後期になると，基本的な運動遊びの他に三輪車や自転車などの器具を乗りこなしたり，うんてい，鉄棒，ジャングルジム，ボール遊びなど多様な運動遊びをするようになる。また，認知機能や言葉の発達により，ルールを理解する力が身につき，鬼ごっこやかくれんぼ，リレーなどの高度なゲーム遊びも行えるようになる。

ごっこ遊びも充実し，見立て・つもり遊びから脱却して，お店屋さんごっこなどの複雑な遊びができるようになる。そして，この時期の重要な変化は，大人が子ども同士をつなぐ助けをしなくても，子ども同士で遊ぶことができるようになるという点である。

4　表現行動の発達と身体表現活動指導の要点

第３節では子どもの生活の中心である遊びに焦点を当て，遊びにはどのような種類があるのかということや発達にともなってどのような形式の遊びが可能となり，主たる位置を占めるようになるのかということを具体的にみてきた。ここでは，保育・幼児教育実践において発達上の要点を考慮しながら身体表現活動を計画的に進めていくための重要なポイントについて検討していきたい。

■ 4-1　保育内容「健康」との関連性をふまえる

保育・幼児教育実践における身体表現活動は，これまでみてきたように，子どもの自発的な活動であるさまざまな種類の遊びやからだの活発な動きを中心とした運動遊びから自然と展開していくことが重要である。さらに身体表現活動については，からだによる，あるいはからだを介した表現活動という意味で，自身の思いや気持ちを表現するために，からだはその手段として意のままによく動くよう，身体機能の発達に沿って十全に育くまれている必要がある。またこのことと合わせて，からだを動かすことの喜びを，園生活をはじめ家庭生活も含めた子どもの生活全体で実感できるよう配慮することが大切で，何よりも健やかで生き生きと活動的に日々過ごせることが，子どもの生活の基盤であるという認識を，保育・教育に携わる者すべてが共有していることが重要である。このことからすると，身体表現活動は健やかな心身の発達の基礎の上に成り立つものであり，「表現」領域の枠内にとどまるものではなく，それは「健康」の領域がねらいとするところにまで広がっていく。

「幼稚園教育要領」の「第２章 ねらい及び内容」では，領域「健康」に関して，表3-3のように記されている。

内容の取扱い（1）にあるように，他者との温かい触れ合いの中で，いろいろな活動に挑戦し習得することで，満足感や有能感を味わうことを基本的なねらいとして心身両面の発達を促すとともに，十分にからだを動かすことの気持ちよさを体験させ，自ら進んでからだを動かそうとする意欲を育むことを健康領域の重要ポイン

表3-3 「幼稚園教育要領」における「健康」(「第２章 ねらい及び内容」)

健　康
健康な心と体を育て，自ら健康で安全な生活をつくり出す力を養う。
1　ねらい
(1) 明るく伸び伸びと行動し，充実感を味わう。 (2) 自分の体を十分に動かし，進んで運動しようとする。 (3) 健康，安全な生活に必要な習慣や態度を身に付け，見通しをもって行動する。
2　内容
(1) 先生や友達と触れ合い，安定感をもって行動する。 (2) いろいろな遊びの中で十分に体を動かす。 (3) 進んで戸外で遊ぶ。 (4) 様々な活動に親しみ，楽しんで取り組む。 (5) 先生や友達と食べることを楽しみ，食べ物への興味や関心をもつ。 (6) 健康な生活のリズムを身に付ける。 (7) 身の回りを清潔にし，衣服の着脱，食事，排泄などの生活に必要な活動を自分でする。 (8) 幼稚園における生活の仕方を知り，自分たちで生活の場を整えながら見通しをもって行動する。 (9) 自分の健康に関心をもち，病気の予防などに必要な活動を進んで行う。 (10) 危険な場所，危険な遊び方，災害時などの行動の仕方が分かり，安全に気を付けて行動する。
3　内容の取扱い
上記の取扱いに当たっては，次の事項に留意する必要がある。 (1) 心と体の健康は，相互に密接な関連があるものであることを踏まえ，幼児が教師や他の幼児との温かい触れ合いの中で自己の存在感や充実感を味わうことなどを基盤として，しなやかな心と体の発達を促すこと。特に，十分に体を動かす気持ちよさを体験し，自ら体を動かそうとする意欲が育つようにすること。 (2) 様々な遊びの中で，幼児が興味や関心，能力に応じて全身を使って活動することにより，体を動かす楽しさを味わい，自分の体を大切にしようとする気持ちが育つようにすること。その際，多様な動きを経験する中で，体の動きを調整するようにすること。 (3) 自然の中で伸び伸びと体を動かして遊ぶことにより，体の諸機能の発達が促されることに留意し，幼児の興味や関心が戸外にも向くようにすること。その際，幼児の動線に配慮した園庭や遊具の配置などを工夫すること。 (4) 健康な心と体を育てるためには食育を通じた望ましい食習慣の形成が大切であることを踏まえ，幼児の食生活の実情に配慮し，和やかな雰囲気の中で教師や他の幼児と食べる喜びや楽しさを味わったり，様々な食べ物への興味や関心をもったりするなどし，食の大切さに気付き，進んで食べようとする気持ちが育つようにすること。 (5) 基本的な生活習慣の形成に当たっては，家庭での生活経験に配慮し，幼児の自立心を育て，幼児が他の幼児と関わりながら主体的な活動を展開する中で，生活に必要な習慣を身に付け，次第に見通しをもって行動できるようにすること。 (6) 安全に関する指導に当たっては，情緒の安定を図り，遊びを通して安全についての構えを身に付け，危険な場所や事物などが分かり，安全についての理解を深めるようにすること。また，交通安全の習慣を身に付けるようにするとともに，避難訓練などを通して，災害などの緊急時に適切な行動がとれるようにすること。

トとしてあげている。また（2）のとおり，さまざまな「遊び」の中で，興味・関心，能力に応じて自発的に全身を使って活動することにより，からだを動かす楽しさを経験させることの大切さも強調している。またそれらは，自発的で自由な遊びだけでなく，教育的な意図によって構成された一連の多様な動きの経験の中で，からだの動きを調整するレッスンなどを通しても育くまれるべきであるとしている。

■ 4-2　多様で基本的な動きの経験を通じた「表現するからだ」の育成

文部科学省は，子どもをめぐって急速に進行する運動や外遊びの機会の減少に対処するために，2012 年「幼児期運動指針」を発表して，幼児期において，多様な運動・動きを経験できる機会を保障していく必要性を保育・幼児教育施設，家庭，地域社会に向けて説いた。指針では，幼児期の運動は，一人ひとりの子どもの興味や生活経験に応じた「遊び」の中で，自らがからだを動かす楽しさや心地よさを実感することが大切であることから，子どもが「自発的にからだを動かして遊ぶ機会」を十分保障することが重要である，としている。そして，幼児が楽しくからだを動かして遊んでいる中で，多様な動きを「自然と」身につけていくことができるように，「様々な遊びが体験できるような手立て」が必要になる，とも述べている。また，幼児期の発達の特性と動きの獲得についての基本的な考え方に基づき，どのように身体活動を展開していくか，具体的な進め方の指針を明らかにしている。

「幼児期運動指針」によれば，幼児期における一般的な運動の発達の特性と経験しておきたい遊び（動き）の例を 3 つの年齢段階に分け示している（表 3-4）。

表 3-4 のように，「幼児期運動指針」は 3〜6 歳までの子どもの運動発達の特性を明らかにするとともに，各段階の発達の特性に応じて提供すべき運動や遊びの具体例をあげて，その進め方についても言及している。これをふまえて指導計画を立案することによって，バランスのとれた身体の発達と運動機能の発達を図ることができると考えられる。

身体表現の基本は，表現の媒体であるからだについてさまざまなことに気づき，さまざまな動きができるようになるとともに，それが洗練化され美しく，機能的な動きに発展し，そのことによって伝えたいことが自分のからだで的確に表現できるというところであると考えられるので，この指針はぜひ参考にしたいところである。

■ 4-3　身体表現の基本的な考え方：表出から主体性をもった動き・身体表現へ

言葉が出ない子どもは，泣いたり，むずかったり，手足をバタつかせたりして不

表 3-4 「幼児期運動指針」における幼児期の運動発達の特性と経験しておきたい遊び

1）3歳から4歳ごろ
基本的な動きが未熟な初期の段階から，日常生活や体を使った遊びの経験をもとに，次第に動き方が上手にできるようになっていく時期である。特に幼稚園，保育所等の生活や家庭での環境に適応しながら，未熟ながらも基本的な動きが一通りできるようになる。次第に自分の体の動きをコントロールしながら，身体感覚を高め，より巧みな動きを獲得することができるようになっていく。 したがって，この時期の幼児には，遊びの中で多様な動きが経験でき，自分から進んで何度も繰り返すことにおもしろさを感じることができるような環境の構成が重要になる。例えば，屋外での滑り台，ブランコ，鉄棒などの固定遊具や，室内での巧技台やマットなどの遊具の活用を通じて，全身を使って遊ぶことなどにより，立つ，座る，寝ころぶ，起きる，回る，転がる，渡る，ぶら下がるなどの「体のバランスをとる動き」や，歩く，走る，はねる，跳ぶ，登る，下りる，這（は）う，よける，すべるなどの「体を移動する動き」を経験しておきたい。
2）4歳から5歳ごろ
それまでに経験した基本的な動きが定着しはじめる。 友達と一緒に運動することに楽しさを見いだし，また環境との関わり方や遊び方を工夫しながら，多くの動きを経験するようになる。特に全身のバランスをとる能力が発達し，身近にある用具を使って操作するような動きも上手になっていく。 さらに，遊びを発展させ，自分たちでルールや決まりを作ることにおもしろさを見いだしたり，大人が行う動きのまねをしたりすることに興味を示すようになる。例えば，なわ跳びやボール遊びなど，体全体でリズムをとったり，用具を巧みに操作したりコントロールさせたりする遊びの中で，持つ，運ぶ，投げる，捕る，転がす，蹴る，積む，こぐ，掘る，押す，引くなどの「用具などを操作する動き」を経験しておきたい。
3）5歳から6歳ごろ
無駄な動きや力みなどの過剰な動きが少なくなり，動き方が上手になっていく時期である。 友達と共通のイメージをもって遊んだり，目的に向かって集団で行動したり，友達と力を合わせたり役割を分担したりして遊ぶようになり，満足するまで取り組むようになる。それまでの知識や経験を生かし，工夫をして，遊びを発展させる姿も見られるようになる。 この時期は，全身運動が滑らかで巧みになり，全力で走ったり，跳んだりすることに心地よさを感じるようになる。ボールをつきながら走るなど基本的な動きを組み合わせた動きにも取り組みながら，「体のバランスをとる動き」「体を移動する動き」「用具などを操作する動き」をより滑らかに遂行できるようになることが期待される。そのため，これまでより複雑な動きの遊びや様々なルールでの鬼遊びなどを経験しておきたい。

快感を表す。一方，笑みや微笑，からだのはずむような動き，手足の動きによって嬉しい気持ちや楽しい気持ちを示してくれる。これらの情動や感情のサインは，最初は場当たり的に示されるが，身近な大人が一貫して応答的・受容的な態度で接することで，泣いたり，笑ったりすれば大人は心配してあやしてくれたり，可愛い姿に一層の愛情を注いでくれることを体験的に理解するようになる。最初は，無意識

のうちの行動であったものが，大人との十全なコミュニケーションに恵まれた子どもは，行動に対する応答の規則性や返応性がわかるようになる。そして今度は，自らが周りの大人に訴えて，試してみようと意図するのである。

表出は，このようなところからさらに進んだ段階に向かう。それは普段の生活で内的な律動感が刺激され，機能的快楽をもたらすような遊びやいたずら行為を繰り返しているうちに，面白い何かを発見をするような場合である。棒切れであちこちをたたいて音を出していた子どもが，たたく場所・物によって高い音，低い音，軽い音，重い音などいろいろな音が出ることを発見し，一纏りにしてみると面白いフレーズができあがることに気づく。そして感じのよいフレーズができたら，友達や身近な大人にも聞いてほしいと思うようになる。これはまさに，人に伝えたいという明確な意図をもった表出であり，表現形式的にもある程度のレベルに達していることから，より一段進んだレベルの表現活動に向かいつつあるとみなすことができる。

表出がどの段階で表現となるのかといった明確な境目をみつけることは，難しい。ゆえに，子どものふとした折の何気ない表出を見逃さないよう，注意深く見守りつつ指導にあたらなければならない。乳幼児期の身体表現指導にあたっては，子どもの表現行為を無意図的な表出も含む広い意味で捉えて，その成長を育んでいくことが重要である。

また，表現的側面に焦点を当てた身体表現の指導においては，まず初期の段階ではさまざまな音や音楽・歌などに触れさせることから始めたい。「○○をからだで表現してみましょう」「○○になってみましょう」などの指示は極力控えて，まずはリズムやビートに合わせて歩くだけ，からだを揺らしたり，からだでリズムを刻んだり，音を鳴らしたりなど，結果を気にせず音環境に浸り切る体験を大事にしたい。保育者は，それぞれが自分の好きなやり方でいろいろ試しているうちに，子どもの動きの中から面白い表現をすくいあげ，それを共有できるよう計らったり，皆で誰かの動きを真似させたりと，身体表現をめぐる子どもたちのやりとり（コミュニケーション）の俎上に自然な形で載せてあげることが大切である。何かを表現するということも大切ではあるが，動きの体験そのものを楽しみ，その感情を共有し合うことも，身体表現活動の豊かな栄養となってくれることであろう。

「幼稚園教育要領」第２章，「表現」領域の「内容の取扱い」では，まさにこの点が指摘されている（本書第１章表1-3参照☞８頁）。表現行為の結果が洗練されたものでなくても，まずは各々の子どもの表現しようとする「意欲」を受け止め，子どもたちが「それぞれの表現の仕方で，その子どもらしく，楽しんで表現している姿」をまずは尊重することが大切である，と記されている。

■ 4-4　感覚を通して感じたことを表現する：感覚遊び・運動遊びの意義

前節遊びの発達のところで，発達の最も初期には，「身体の機能遊び」や物から刺激を受け，物に働きかけて反応を楽しむ「感覚遊び」が主に行われることを確認した。つまり，1歳半頃までは，五感をフルに働かせて，多様で適切に配慮された環境からの刺激や大人からの暖かい働きかけをシャワーのように浴び，受け取ることが大切である。

それと同時に，からだは自分の気持ちやイメージを表現するためのツールであるため，「身体の機能遊び」や「運動遊び」に目を向けることも重要である。表現のツールとしての身体といっても，最初は手足を動かしたり，立ったり，歩いたりと人間としての基本動作を身につけていくことが機能遊びや運動遊びの中心であるが，そういった活動の最中にも，リズムに反応して手足を動かし，ゆっくり，そして突然すばやく這いまわったり，軽快な音楽に合わせて元気よく歩こうとしたりと，動くことそのものが楽しくて仕方がないという表情を示すこともある。ただただ線や点を描き続ける「なぐり描き」も，動きの楽しさ（機能的快楽）に根差した身体動作である。

このようなからだの動きそのものから生じる力動性，律動性といった快感情や，動いた結果としての意外性の発見，興味・関心，面白さといった内発的動機づけを促進する楽しい体験は，まず身体表現の原初的な段階として，ぜひ十分に体験させたい内容である。

2歳頃からは身体機能の発達とともに，行動範囲が広まり探索行動も活発化するため，自由な表現の発端としての「感じる力」を高めることは一層重要性を増してくる。大人が「気づき」や「感動」を誘発する活動をたくさん用意し，五感が刺激される経験を子どもが積み重ねることができれば，新たに気づいたり発見したこと，不思議に思ったこと，感動したことが増えていき，自然とそれを誰かと共有したくなるであろう。

一方，表現のツールとしての身体の機能発達はかなり進むため，全身の動きや手足の動作をある程度，意のままに制御できるようになる。伝えたい・表現したい感動体験を身体的に表すことが徐々に上手くなってくる。「感じる力」と「表現する力」があいまって発達し，無意図的な表出から意図的な表出，そして表現へと発展していく基礎ができあがる。

■ 4-5　身体表現における模倣とごっこ遊びなどの模倣遊びの重要性

模倣とは周囲にいる人の動作や表情を自分の動作や表情で同じように反復する行為である。模倣については，新生児段階でも，大人の顔の表情や顔の部位の動きを真似る原初模倣が確認されるが，3か月頃からは，模倣行為は普段の生活において自分が興味をもった大人の発声やからだの動き，微笑など，ポジティブな感情を呼び起こすものを選択的に真似るという社会的な初期模倣となり，その後，生活のさまざまな場面で頻繁に現れるようになる。

さらに，9か月頃からは，日常の生活やまねっこ遊びなどの遊びの中で，相手のしぐさを視覚で捉え，それを意図的に自分のからだで同じように再現しようとする。降園の時に保育者がバイバイと手を振れば，同じようにバイバイと手を振る。保育者がさまざまなポーズや表情を示して，「まねっこしましょう」と声をかけると，一所懸命に保育者のしぐさを観察し，自分も同じようなポーズをとろうと意欲を示す。

ただ，1歳過ぎまでの模倣は，模倣するモデルが目前にあって，それをその場で模倣し，モデルがいなくなるともはや模倣行為は行われなくなる。その意味で直接模倣，あるいは即時模倣と呼ばれる。保育の現場では，保育者がモデルになって，人間や動物のさまざまな動きや表情を模倣させる「まねっこ遊び」が行われるが，このような活動では，模倣するためにモデルの姿を注意深く細かいところまで観察する必要があり，上下，前後，左右などの空間概念の形成や手，足，頭などの身体部位の認知など認知機能の発達が期待される。

1歳半頃には，目の前にモデルがいなくても，動作や事象を再現できる遅延模倣が可能となる。ままごと遊びでお母さん役を演じたり，TVのヒーロー役になりきったり，いろいろな動物に扮して遊ぶ姿は2～3歳では頻繁に目にすることになる。そのように何かになりきって楽しむ遊びが成立するためには，日々自らが見聞きする中でつくりあげた自分なりの事物のイメージを記憶として保持する「表象機能」が育っていることが前提となる。

また，2～3歳にかけては移動行動が発達し，スピードが増してくるなど，自分の意思のとおりにからだを動かすことがある程度できるようになっており，模倣活動についてはからだの一部だけでなく，からだ全体に注意を向けて，動きの全体を真似しようとする。1歳半では足は真似できるが，手の動きはできないなど，真似する意欲は見られるものの，一部の真似にとどまるのに対して，手の動きも足の動きも同時に真似しようとしたり，歌やリズムに沿った動作も，若干の遅れやずれが見られるものの大体真似できたりする。しかし，このころの模倣では，子どもの意識は「自分の真似のできばえ」や「上手くできているなど誇らしい気持ち」に向いており，友達や周りがどう真似しているかや保育者や周りがどう評価してくれるかなどにはあまり関心がない。模倣遊びをたくさん経験し模倣能力がついてくると，次第に友達がどんな表現をするか，見てくれる人を意識した表現，仲間とやり取りする表現などに関心が向いていくようになる。

3歳以降は，さらにからだの細部に注意が向き，より一層モデルの動きを正確に捉えることができるようになる。とともに，仲間や保育者の行う活動や興味がわいた「動き」を他の音楽や言葉などの刺激と協応させるなどして表現する模倣ができるようになる。他者を意識した模倣活動が引き続き行われる。

4～5歳の模倣活動の特徴は，自分個人の中だけで完結するのではなく，他者の存在を意識し，他者とかかわり合う中で意味・イメージ伝達の意図をもって行われるようになる点である。つまり，コミュニケーション的要素が顕著になってくる。この段階になると，音楽やリズムに合わせた同調的な動きや集団演技（集団での表現）といったものに興味を覚え，練習を繰り返しながら集団的表現を完成させるといったことに満足感を覚えるようになる。

このように，模倣の段階と可能となる表現上の要素を理解して身体表現活動を構成していくと，子どもの動作コントロール能力や表現能力を効果的に高めていくことができる。

■ 4-6　身体表現を育む保育者の役割

子どもの「表現」を豊かにするには，表現力の豊かな大人が側にいることが重要といわれる。なぜなら，先項で検討したように幼児期の子どもの発達は，その期間を通じて周りの大人の姿・行動を真似ることによって成し遂げられるからである。子どもはこの時期，模倣を窓口として，広くいろいろなことを学んでいくのであるが，どんなものを模倣し，自身の内に情報を取り込み，イメージを蓄えようとするのであろうか。

発達心理学では乳幼児の模倣行為の対象として選ばれやすいのは，子ども自身の興味・関心が刺激されるもの，子どもが好意的な感情を抱いている人や物といわれている。子どもの模倣行動は能動的，選択的であって，子どもは選択のフィルターを通して模倣対象を選んでいるのである。その意味で，保育者は選ばれるモデルとして魅力的であらねばならない。そのためにはまず，子どもと一緒の活動の中で，保育者自らも表現者として，豊かに子どもとかかわることが大切である。

子どもにとって魅力的な表現者の条件は，まず，表現活動を指導してくれる指導者としての一面である。楽しい遊びやダンス，面白い動きや美しい動きなど表現活動のアイディアを豊富にもっている，アイディアの引出しの多い保育者は，子どもたちにとって魅力的に見える。また，立ち居振舞いが生き生きと快活で，明るくおおらかな雰囲気の保育者は，表現者としての魅力を大いに放っている。明るく活動的で，ユーモアのある楽しい雰囲気の保育者を子どもは大好きである。動物の真似をすればユーモラス，ダンスをすれば「カッコイイ」，保育者の表現する姿自体が子どもたちを身体表現活動へと導いていく。

また，子どもの表現活動を支えてくれる存在として，保育者の態度や雰囲気も重要である。表現活動に携わる者として，保育者は子どもの素朴な表現に対して受容的であることが大切である。通常，表現活動の初期の段階では，見てきたこと，感じたこと，動物や人間の日々の行動などを自由にからだで表現させることを行う。子どもの気持ちのままに自由に表現させるようにしたい。似ている，上手にできているといった評価めいたことは一切言わず，素朴に楽しんでいる姿，なりきって夢中になっている姿を見守る姿勢が大切である。この受容的な雰囲気の中で自由にのびのび遊ぶことができた子どもは，自分が受け入れられているという安心感に支えられて，今度はより複雑な表現に挑戦したり，表現活動に一層，積極的・意欲的に取り組むようになる。見守ると同時に，子どもの言葉に耳を傾け，子どもなりの表現の仕方を理解しようと努め，求めに応じて言葉がけやヒント（アドバイス）を与えるなどの援助を行うことも大事である。

一方，表現者として豊かな表現の種を蓄えようとすると，日々の生活の中で，感性を育む努力を継続的にしていく必要がある。いろいろなことに驚き，面白がり，美しいものに感動する体験を数多くもち，感性を磨く努力があって，それが花開くのである。

それに加えて領域「表現」の指導内容は，手遊びや，歌，絵本，紙芝居，物語など，「言葉」の領域とのかかわりも大きい。その意味で，これらの児童文化財に対する研究も欠くことのできない責務である。

保育者は表現力という専門スキルを学び身につけた第一の大人として，園生活の長い時間，子どもに向かう存在である。また，教育要領・保育指針に示された保育・幼児教育の原則に「環境を通して総合的に保育する」というものがあるが，保育者は人的環境として，その「環境」の重要な要素として日々子どもと相対している。このことを常に心に留めておきたい。

参考文献

カイヨワ，R.／清水幾太郎・霧生和夫［訳］(1970)．『遊びと人間』岩波書店

菊野春雄［編著］(2007)．『発達と教育の心理学』創元社

高校家庭科学習指導書編集委員会［編著］(2017)．『家庭総合――明日の生活を築く』開隆堂出版

厚生労働省雇用均等・児童家庭局 (2012)．『平成 22 年 乳幼児身体発育調査』

厚生労働省 (2017)．『保育所保育指針』

高石昌弘・樋口　満・小島武次 (2007)．『からだの発達――身体発達学へのアプローチ(改訂版)』大修館書店

瀧　薫 (2011)．『保育とおもちゃ――発達の道すじにそったおもちゃの選び方』エイデル研究所

内閣府・文部科学省・厚生労働省 (2017)．『幼保連携型認定子ども園 教育・保育要領』

橋口英俊［編著］(1992)．『新・児童心理学講座第 3 巻』金子書房

速水敏彦・吉田俊和・伊藤康児 (2003)．『生きる力をつける教育心理学』ナカニシヤ出版

古市久子 (1998)．「幼児におけるダンス模倣の過程について」『大阪教育大学紀要』*46*, 193-206.

松尾　保［編］(1996)．『新版小児保健医学』日本小児医事出版社

文部科学省 (2013)．『幼児期運動指針』

文部科学省 (2017)．『幼稚園教育要領』

山田　敏 (1995)．『遊び論研究――遊びを基礎とする幼児教育方法理論形成のための基礎的研究』風間書房

渡邊葉子 (2002)．『うたと積木とおはなしと――遊びと発達』エイデル研究所

第4章
発達をふまえた幼児の身体表現活動の実践

本章では身体表現活動を実践場面でどのように展開していくのか，方法やアイディアを紹介する。前章で確認した基本「発達をふまえ，身体表現の基礎としての「身体」そのものや諸感覚を育むために，多様な動き・運動が体験でき，さまざまな感覚を刺激する運動遊びや身体表現遊びを日々豊富に行い，楽しさを経験させることによって運動や身体表現が好きな子を育む」を到達目標として意識しつつ，①身体能力や身体感覚・リズム感覚等諸感覚の発達を意識した活動，②考えたことやイメージを共有・伝達し合い，創造的に表現することに力点を置いた活動についてどう構成し，展開していくか例示する。本章で紹介する活動は表4-1の11例である。

表4-1　本章で紹介する活動例

No.	掲載	テーマ・ねらい・育成したい要素	活動名称	対象年齢
1	第1節	からだの気づき：身体部位の認知	あたま かた ひざ ポン	2歳
2	第1節	からだで表現することを楽しむ①：空間認知（上下）・大小の身体表現	大きなくりの木の下で	2歳～
3	第1節	からだで表現することを楽しむ②：身体部位の認知・空間認知（左右）	アブラハムの子	3歳～
4	第1節	鬼遊びの中で基本の運動能力（走る・かわす）を高める	氷鬼	4歳～
5	第1節	リズミカルな移動の動きを楽しむ／全身での表現	ケンパのリズムで進もう！　出会いじゃんけん	3歳～
6	第1節	言葉のリズムを楽しむ／動きの方向性を急に変える（敏捷性）	《あんたがたどこさ》から広がるリズム遊び	3歳～
7	第1節	縄遊びで基本運動（跳ぶ）のいろいろを体験する	わらべうたと縄遊び	3歳～
8	第1節	リズムに合わせてステップする／リズム感・調整力を高める	バンブーダンスに挑戦	4歳～
9	第2節	模倣性を体験する	ミラー遊び	3歳～
10	第2節	模倣を楽しむ	ジェスチャーゲーム	4歳～
11	第2節	模倣性を体験する（発展）	動きのチェーン	5歳～

1　身体能力や感覚を育む身体表現活動

身体表現において，身体は表現の手段として，表現者の思いどおり自在に動くものでなければならない。自身の身体を思いどおりに動かす能力は，多様な運動経験の中で少しずつ身につけていくものであり，特に乳幼児の場合，歩行をはじめとした基本の移動動作が確立した後，多様で豊富な量の動きや運動の体験を積み重ねる中で，一歩ずつ向上させていく。

また，身体をコントロールする能力の基礎には，自身の身体や身体の動きに対する感覚（気づき），空間認知，身体部位の認知，時間的認知，力量的認知，バランス感覚，調整・制御など身体と運動に関するさまざまな感覚の発達がかかわっており，これらも合わせて育んでいく必要がある。これら諸感覚の発達援助とともに豊かな表現に必要な身体の操作能力を高めていくことが，乳幼児期の身体表現活動の適切な道筋といえる。

ただ活動に際しては，指導的・教育的な面が意識されるあまり，子どもを置き去りにするかのような保育者主導，統制的なものとならないように注意する必要があろう。没頭して活動を楽しんでいるうちに，自然と能力や感覚が向上していたというように，子どもが自分から喜んで取り組み，熱中して活動を楽しむという「遊びの原理」も大切にしていきたい。

ここでは，身体表現の基礎となる諸感覚を向上させるとともに，豊かな表現のために身体を自在にコントロールできることを目指して，さまざまな運動や動きを体験できる運動遊び，歌やリズムなど音楽的要素をともなった遊びを展開していきたい。

1-1　からだの気づき：身体部位の認知

活動１「あたま かた ひざ ポン」	
ねらい	からうだのさまざまな部位への意識をもつ
環境設定 教材準備	音楽《あたま かた ひざ ポン》（作詞：不詳　イギリス民謡）
進め方	・歌に合わせ両手でからだの部位を触れる ・「ポン」のところでは手拍子をする
ポイント	・歌いながらいろいろな部位に触れることにより，楽しみながらからだの部位名称を憶えることができ，言葉に反応して素早く相当部位に触れられるように練習する遊びである ・徐々に歌のテンポを速くしていくと緊張感が増して楽しめる。この遊びは子ども同士だけでなく，親子で，あるいは保育者と行うこともでき，大人が子どものからだを触る，反対に子どもが大人のからだを触ることでからだへの気づきが高まり，スキンシップも図れる
発　　展	・「め・みみ・はな・くち」のところを，くび・むね・せなか・おなか・おしり・かかと・つま先など他の身体の部位に変えてみる ・「ポン」の手拍子のところを，友だちと手をたたいたり背中や肩をたたいたりしてみる

あたま

ひざ

ぽん

め・みみ・はな・くち

あたま（並んで）

かた（並んで）

■ 1-2　からだで表現することを楽しむ①：空間認知（上下）・大小の身体表現

活動２「大きなくりの木の下で」	
ねらい	・どっしりした大きな木のイメージを思い浮かべ表現するとともに，小さな木も表現してみて，違いに気づく ・頭・肩・膝などの身体部位に触れながら，空間における位置関係（上下）の理解を確かなものにする
環境設定 教材準備	音楽《大きなくりの木の下で》（外国曲／イギリス民謡，日本語歌詞：1 番不詳）の CD など（音源はなくてもよい）
進め方	最初は，大きなくりの木を表現していく。歌いながら行う時は，大木の下で遊ぶイメージを思い浮かべ，ゆったりとした気分で歌いながら表現する。何度か表現を行ったら，次は，小さなくりの木を表現する。歌い方も，大木のゆったりした感じではなく，小さく可愛らしい感じで，小声で歌うようにする。表現もそれに合わせて変える
動き方の例	①「大きなくりの」：両手を開きながらゆっくり挙げていき，頭の上，高いところで指先を合わせるようにする ②「木の下で」：頭，肩と触れて，手は体の横に（脚） ③「あなたと」：交互に手を広げて差し出す ④「私」：広げた手を順番に胸の前でたたむ ⑤「なかよく遊びましょう」：④の姿勢のまま左右に体を傾ける ⑥「大きなくりの木の下で」：①②と同じく
ポイント	大木と小木の表現が自然と異なるように，歌い方も含めて導くようにする。また，頭・肩・脚と体の部位に順番に触れる動作は「上下」という位置関係，「あなた」(向こうへ) と「私」(こちらへ) の表現も，ある意味空間概念の確立にかかわる学習要素となっている
発　展	・くりの木を子どもの発案により「ヤシの木」や「もみの木」などいろいろに変え，その表現法も自由に考えさせるようにする ・③④⑤でも新しい動きのパターンを試してみる

「大きなくりの」

「木の下で」

「あなたと」

……

「小さなくりの」

「木の下で」

「あなたと」

……

1-3　からだで表現することを楽しむ②：身体部位の認知・空間認知（左右）

活動３「アブラハムの子」	
ねらい	・からだのさまざまな部位への意識をもつとともに，歌に合わせてリズミカルに動く楽しさを味わう ・複数部位を同時に動かすことにより身体コントロール力（協応性）が高まる
環境設定 教材準備	音楽《アブラハムの子》（外国曲／アメリカ童謡，日本語歌詞：加藤孝広）の CD など（音源はなくてもよい）
進め方	歌に合わせて「さあ　踊りましょ」まで動きの振付を練習する。次のパートでは，右手［1 番］→右手・左手［2 番］……とからだの部位が 1 つずつ付け加えられていくので，歌詞のとおりに部位を動かして自由にポーズをとる。２番以降は「くりかえし」部分の間，歌に登場した部位をリズムに合わせて動かし，次に新たな部位を加えてポーズ
歌詞の例	アブラハムには七人の子　ひとりはノッポであとはチビ みんな仲よく暮らしてる　さあ　踊りましょ　｝繰り返し ［1 番］右手［2 番］右手・左手［3 番］右手・左手・右足（6 番まで部位が増えていく） ［7 番］右手・左手・右足・左足・あたま・おしり・回って　おしまい
ポイント ・ 解説	からだの各部位に対する気づきを促すとともに，動かす部位が増えて，かつ同時に動かす必要があるため協応性が高まることが期待される。左右の空間認知は子どもにとって難しく，4，5 歳にならないと獲得できないとされているが，声に出してからだを動かすことで左右の認知は確かなものになっていく。また同じフレーズを繰り返しつつ内容を継ぎ足していくので，繰り返しのリズムや継ぎ足しの面白さが助けになって楽しくできる

「アブラハムには　七人の子」
（膝の屈伸をしてリズムをとる）

「ひとりはノッポであとはチビ」
（両手を挙げて伸び，次に小さくなる）

「みんな仲良く
暮らしてる」
「さあ　踊りましょ」
（手を腰にし，膝の屈伸をしてリズムをとる）

「右手」
（右手を挙げる（ポーズ））

［2 番］
繰り返し部分
（右手をワイパー状に振りながら，自由に動く）

「右手・左手」
（両手を順に差し出しポーズ）

［3 番］繰り返し部分
（歌に合わせて両手を動かす動作）

……

「右手～回って」の場面
（各部位を動かしながら足踏みをし一周まわる）

「おしまい」
（おしまいのポーズ）

■ 1-4　鬼遊びの中で基本の運動能力（走る・かわす）を高める

活動４「氷鬼」	
ねらい	・走る・かわすなど基本的な運動能力を高める ・ゲームのルールを理解し，鬼遊びの中で協力することを学ぶ
環境設定 教材準備	・非常に活発な遊びであるので遊戯室・体育室など広い場所で行う。外で行う場合には障害物のないところで，遊びのエリアをラインやコーンなどで明確に示すこと ・鬼が明確になるような工夫として，お面やビブスなどを着用させる
進め方	①鬼を決める（15～20 名なら３名程度。15 名以下なら１，２名） ②氷鬼の基本ルールを説明する。鬼が子を追いかける，捕まえられた子はフリーズする（動きを止める）。逃げてよい範囲をラインやコーンによって示し，それを全員で確認する ③この氷鬼の付加的・独自ルールを説明する。捕まえられた子は鬼によって呪文をかけられフリーズする。「石になれ！」「木になれ！」。そして，そのポーズ（姿）のまま仲間の救出を待つ。仲間の子が，石を跨いだり跳び越えたりしてくれれば復活し，足の下をくぐってくれれば再度ゲームに加われる ④３分を目安としてゲームを開始する。時間になったら，保育者はゲームの結果を講評し鬼役の子の頑張りを称える。フリーズするときは，救助されやすいように小さくなったり，大きく足を開いたりと工夫する必要があることを理解させる ⑤鬼を交代して次のゲームを行う
ポイント ・ 解説	・鬼遊びは，「幼児期運動指針」（第３章参照）の中でも，多面的に運動能力を高めるということで，推奨されている運動遊びである。走る・かわす・逃げる・止まる・ダッシュするなど遊びの中に身につけるべきいろいろな運動要素が含まれている ・鬼遊びはさまざまなものが考えられるが，氷鬼はその中でもよく行われる種類・パターンの１つである。氷鬼の特徴は，「鬼」に捕まえられて固まってしまった「子」も解凍という操作を行うと救出されて再び遊びに復活できるというところである。そもそも鬼遊びは運動量が多い上に，解凍の手続きを工夫すると，バリエーションが広がり，ゲームとしての発展性が豊かである。また，助けを求めて身振り手振りで表現するなどのコミュニケーションスキル育成の側面も含んでおり，有意義な運動遊びといえる
発　展	・フリーズしてどのように固まるか，どうしたら救出できるのか仕組みをいろいろと考えて，いろいろなバリエーションで氷鬼を楽しむ。たとえば，エビ→カニ，うれしい→悲しい，攻撃→防御，大きい→小さいといった対の言葉を表現すると解凍復帰できる，あるいは身体表現尻取りをクリアできたら復帰できる，というルールで行ってもよい ・鬼遊びの中で身につけられる運動能力は数多くあり，また，複雑なルールを理解したりと認知的な学びの要素も含まれているため，さまざまに工夫した鬼遊びを毎日の運動遊びの場面で定期的に行っていくことが期待される

うれしい → 悲しい

攻撃 → 防御

大きい → 小さい

1-5　リズミカルな移動の動きを楽しむ／全身での表現

活動５「ケンパのリズムで進もう！　出会いじゃんけん」	
ねらい	・一定のリズムを刻んで軽快に跳ぶ動作を連続することによって，タイミングよくからだを動かす調整力やコントロール力を高める ・からだ全体を使ってグー・チョキ・パーを表現することを通じて，からだで表現することの面白さを体験する ・勝敗や自分の気持ちをからだ全体で表すと人に伝わりやすいことに気づく
環境設定 教材準備	フープ（あるいはゴム製フラットリングなど）20程度を，「ケン」の場合１つ，「パ」の場合並べて２つを，「ケン」「パ」ほどよく混ぜて（不規則パターンで）線状に配置する。直線的配置だけでなく，曲げたり，蛇行させたりするのもよい
進め方	①まずは，フープのコースを一方向に進み，走破する。配置されたとおり，「ケン」では片足，「パ」では両足で着地し，ゴールまで進む ②リズミカルなジャンプの要領がつかめたら，フープコースの両端に分かれる。①の要領で両方から進み，出会ったら大きなジェスチャーでからだじゃんけんをする。勝った側はそのまま前進を続け，負けた側は新しい人が代わって出発し，出会ったところでじゃんけんをする。どちらかのチームが，相手のエリア内に到達したら１回のゲームは終了する
ポイント	勝った時，負けた時の気持ちをからだ全体で表す練習をする。負けたことが瞬時にメンバーに伝わればその分スタートが早まる。その意味で，からだ全体で表現するのは重要

走破①

走破②

からだじゃんけん①

からだじゃんけん②

1-6　言葉のリズムを楽しむ／動きの方向性を急に変える（敏捷性）

活動６「《あんたがたどこさ》から広がるリズム遊び」	
ねらい	・わらべうたの言葉のリズムを楽しむとともに，歌詞に沿って不定期な切り返し運動を経験することを通じて，機敏な切り返し能力（敏捷性）を養う ・ジャンプで前後移動，左右移動を繰り返すことにより空間意識を高める
環境設定 教材準備	跳び縄人数分，リング，フープ４つ，パフリングあるいはお手玉
進め方	《あんたがたどこさ》はまりつき歌として有名であるが，ここでは，歌に合わせて前後，左右にジャンプしながら，㋚のところで，素早く切り返す ①最初は一人で練習する。㋚のところだけ後ろにジャンプし，その他は，全部前進する ②次は肩を組んで一列になり，歌いながら前進，㋚のところだけ後ろにジャンプ。一人でも間違えてしまうと，躓いたりして列が乱れるため，①の一人の練習を十分行う ③今度は，リングに跳び縄を通して，縄をたるませないようぴんと張り，前にジャンプ，㋚は後ろにジャンプ。車輪のように円が感じられるよう動ければ，見た目もきれい ④フープを４つ用意する。スタートは，左下（あるいは右下）のフープ。㋚のところは前後に移動，下にいる場合は，㋚で上に進む。上にいるときは㋚で下にジャンプする。その他は，左右（横）にジャンプする。まずは一人で練習 ⑤できるようになったら，２人一緒に行う。スタートは向かい合って，左あるいは右のフープからスタートすると，上手くいけばぶつからずに最後までできる ⑥パフリングを使い，お手玉のように楽しむこともできる。㋚で相手にわたす
歌詞の例	あんたがたどこ㋚　肥後㋚　肥後どこ㋚　熊本㋚　熊本どこ㋚　船場《せんば》㋚ 船場山には　狸がおって㋚　それを猟師が　鉄砲で打って㋚ 煮て㋚　焼いて㋚　食って㋚　それを木の葉で　ちょいとかぶせ
ポイント ・ 解説	リトミックではこのような素早い運動の切り返しを「即時反応」と呼んで，リトミックレッスンの重要な要素と位置づけている。音楽を聴き分けて，即座に動きを変えることで，即時性，集中力，注意力などが身につく，とされている。《あんたがたどこさ》のリズミカルな歌から，前後左右多方向に跳ぶ，さまざまなステップをする，投げる，お手玉などの小さな素材を操る，ボールを弾ませたり，バランスよく美しいポーズで受け取ったりするなど，多様な動きの習得が可能になる非常に幅広い活動が展開できる
発　展	ボールつきをしながら，㋚のところで相手にパスしたり，バウンドパスするのもよい

肩を組んでみんなで

リングに跳び縄を通して遊ぶ

フープで遊ぶ

1-7　縄遊びで基本運動（跳ぶ）のいろいろを体験する

<table>
<tr><th colspan="3">活動７「わらべうたと縄遊び」</th></tr>
<tr><td>ねらい</td><td colspan="2">・わらべうたの言葉やリズムを楽しみながら，いろいろな跳び方を体験する
・タイミングよく縄の中に入ったり，外に抜けたり，跳んだり，足で挟んで止めたり，縄跳びで大切なリズム感やタイミング把握を身につける</td></tr>
<tr><td>環境設定
教材準備</td><td colspan="2">跳び縄（2〜3m），長い歌には絵や歌詞を描いたボードで補助する</td></tr>
<tr><td>進め方</td><td colspan="2">縄跳び歌としてよく知られているものに《大波小波》《郵便屋さん》，数え歌の《一羽のからす》がある。これらのわらべうたは，時や地域によってさまざまな歌詞があり，歌い方も微妙に異なっている。この違いや特色を受け入れながら，おおらかに楽しみたい
①《大波小波》は「おおなみこなみ　ぐるっとまわって　ねこのめ」という短い歌である。「おおなみこなみ」で左右に揺らした縄を４回跳ぶ。「ぐるっとまわって」で回した縄を２回跳ぶ。「ねこのめ」で足の間に縄が挟まるようタイミングを計って開脚で止まる
②《郵便屋さん》は葉書を 10 枚とするパターンと歌う人が決めるパターンがある。「拾ってあげましょ」まで①同様，縄を回さないで左右に揺らしているところを跳ぶ。次は 10 枚，あるいは指定された枚数まで回した縄を跳ぶ。できるようであれば，１回１回落ちている葉書を拾う真似をしながら跳ぶ「しゃがみ跳び」など試みる（写真）。最後は①同様に足の間に縄を挟んで止まる。最初から３〜５人そろって跳ぶパターンも試してみる
③《一羽のからす》では，「一羽のからすがカーカー」で１人目が入り，「二羽のにわとりコケコッコー」で２人目が入り，決められた人数（5〜10 人）が全員入りきるまで跳び続ける。全員が入ったら，「１抜けた，２抜けた……」と声を出しながら，１人ずつ抜けていく。全員ミスなく抜けられれば成功
　別のパターンとしては，「一羽のからすがカーカー」で縄の中に入っていって，４回跳び，外へ抜ける。「二羽のにわとりコケコッコー」で別の１人が入っていって，４回跳び，抜ける。10 人が代わる代わる入っては抜ける。慣れてきたら，跳びながら「からす」や「にわとり」など歌詞をからだで表現することも行ってみる。また，２人ずつ入ってじゃんけんし，負けた方は抜け，新たに１人が入る遊びも試みる</td></tr>
<tr><td rowspan="2">歌詞の例</td><td>《郵便屋さん》</td><td>バリエーション</td></tr>
<tr><td>郵便屋さん　おとしもの
はがきが 10 枚　おちました
拾ってあげましょ
１枚　２枚　３枚　４枚……10 枚
ありがとさん</td><td>「おとしもの」→「おはいんなさい」「おはようさん」「ごくろうさん」
「はがきが 10 枚」→「はがきが○枚」（枚数指定）
「１枚　２枚　３枚　４枚……10 枚」→「１枚　２枚　３枚　４枚……○枚」</td></tr>
</table>

	《一羽のからす》	バリエーション
歌詞の例	一羽のからすがカーカー	
	二羽のにわとり　コケコッコー	
	三は　魚が泳いでる	
	四は　白髪のおじいさん	
	五は　ごほうびありがとう	「ごほうびいただいて」「ゴリラのラッパ吹き」
	六は　ろうそく吹いて消し	「ろうそく火がボウボウ」「ろくろくろくろ首」 「牢屋に入れられて」
	七は　かわいい七五三	「質屋の七面鳥」「質屋の娘さん」
	八は　浜辺の白うさぎ	「はだかの白うさぎ」「八百屋のタコはっつぁん」 「はちはちハチが飛ぶ」
	九は　くじらのおおあくび	「くじらが泳いでる」「救急救急車」「旧家の九官鳥」
	十は　十五夜お月様	「とうでとうせんぼ」「殿様馬のってホイ！」
ポイント・解説	幼児期の子どもにとって一人縄跳びという協応動作は，難しい課題である。手の回す動作とそれを跳び越える跳動作がタイミングよくかみ合って行われるようになるのは，早くても４歳ぐらいからとされている。そこで，保育者や年長の子が回す縄を跳んだり，くぐり抜けたりする長縄遊びから始める。一人縄跳びができるようになり，長縄もタイミングよく出入りし，巧みな跳び方ができるようになると，スポーツ的なものに発展していくが，この時期の縄遊びは，わらべうたなどの歌をともなった形式がよく浸透している。簡単な縄跳び技を一通り身につけた後，集団で跳んだり，縄の中でゲームをしたりと複雑な縄遊びに発展させていくと，繰り返し何度も楽しめ，繰り返し行うことによって運動能力も高まる	

しゃがんだ姿勢で跳ぶ

一羽のからす

浜辺の白うさぎ

十五夜お月様

■ 1-8　リズムに合わせてステップする／リズム感・調整力を高める

活動８「バンブーダンスに挑戦」	
ねらい	３拍子系と４拍子系のリズムの違いを感じるとともに，それぞれに合ったステップを練習し，バンブーダンスの雰囲気を味わう
環境設定 教材準備	2m 程度の竹２本（同程度の長さの園芸用支柱でもよい），枕木２片。３拍子の歌・曲の音源，４拍子の歌・曲の音源
進め方	①まず，竹を使わないで，３拍子の曲に合わせてステップを踏む練習だけをする。ステップは図のように踏むが，その時，まず左に重心をかけ（①），次に右足（②）に重心をかけるようにし，アクセント（①→２→３，②→２→３）をつけるよう意識する。竹の外側の足（①）に体重をかけ，中では軽くステップする（2・3）。また，外側の足（②）に体重をかけ，中は軽くステップをする（2・3） ②次に竹を打ち鳴らす練習をする。枕木の上に２本の竹を置き，１拍で２本の竹を打ち鳴らす（閉），２・３拍は開いて枕木に打ちつける（開・開） ③１拍目（この時竹は閉）は竹の外，２・３拍目（竹は開・開）は，内・内とステップする。リズミカルに繰り返す ④数名で試してみる ⑤竹のない状態で４拍子の曲に合わせてステップする。１・２拍が竹の外，３・４拍が竹の内になる。竹の使い手も，閉・閉，開・開と２拍ずつ刻む ⑥３拍子・４拍子の曲で試してみて，拍感の違いが感じられるようになれるとよい
ポイント ・ 解説	バンブーダンスは，もとはフィリピンを中心とした東南アジアで楽しまれている民族芸能・舞踊である。かつての統治国であったスペインの宮廷文化の影響があるといわれている。舞踏会がルーツということで，フィリピンのバンブーダンスに用いられる音楽は，３拍子系が主となっているが，４拍子で行われているところもある。民族芸能的に各地でさまざまな集まりの際に楽しまれているが，芸能集団がこれをパフォーマンスとして上演することも行われている。このようなパフォーマンスの映像を見ることも，よい体験となるであろう
発　展	・肩に手をおいてグループでステップを刻むのも，一体感が得られて楽しい ・発表会のパフォーマンスとして，少し高度な形に仕上げて演じることもできる

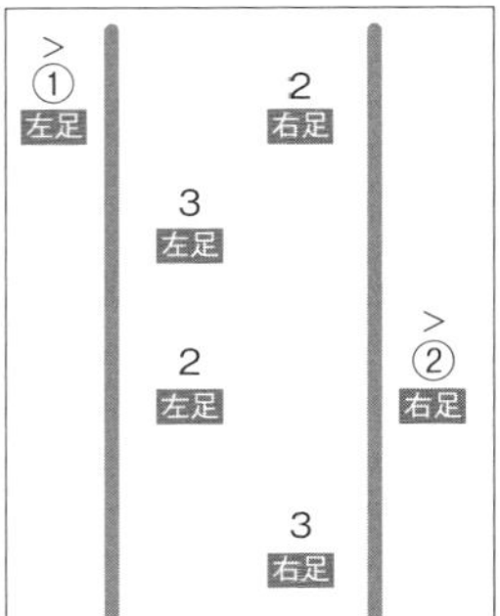

ステップの要領

１拍目（竹を打ち鳴らす）(閉)

２・３拍目（枕木に打ちつける）(開・開)

１人で挑戦

３人で挑戦

2　表現的側面（イメージや気持ちの共有・伝達と個性的な表現）を育む活動展開例

ここでは，感情やイメージを身体によって伝え合う非言語的コミュニケーションの準備段階として，さまざまな事物や現象をどのような動作や動きで表していくのか，模倣やパントマイムなどで物の形状や動きを表したりする遊びや，事物や現象の特徴をつかんでそれらしく表現するための活動を展開していく。これらの活動で少しずつ蓄積された表現パターンの数々は，劇やミュージカル，長いダンス作品など総合的な表現活動の素材として役立つことが期待される。

一方，音楽的なものは，表現・伝達すべきイメージや感情を湧き起こさせる刺激ツールとして身体表現活動とは不可分であるので，積極的に用いていきたい。

図 4-1　子どもの表現活動の様子（とんぼ，あひるなどの動物模倣）

2-1 模倣性を体験する

活動９「ミラー遊び」	
ねらい	・鏡のように，相手のする動きを正確に真似る面白さ・難しさを体験する ・相手の動きを集中して観察し，正確に再現できるようになる
環境設定 教材準備	一対多など発展的に行う場合は，動物や忍者などになりきるための小道具があるとよい
進め方	①２人組になって１人はリード役，もう１人はリード役の真似をする側になる。２人は向き合い，リード役の姿が2人の間の鏡に映っているかのように左右対称に真似て動く ②模倣する側は，リード役の動きを，できるかぎり時間差なく素早く真似る ③リード役が相手にいろいろな動き（静的ー動的，速いーゆっくり，大きくー小さく）をバランスよく織り交ぜて提示できるように，保育者が言葉がけして助ける ④真似る側は，リード役を集中して観察し，時間差なく左右対称に再現することで，本物の鏡像に近づけるようにする
ポイント ・ 解説	人の動作や動きをよく観察し，正確にまったく同じように再現するという完全な意味での模倣が可能となるのは早くても３歳頃とされている。それまでは自身の身体が対象化できないため，同じようにからだを動かしているものの，モデルの動きに漠然と同調しているだけで，モデルがどの部位をどう動かしているかといった詳細でそれでいて全体的な観察ができない。そもそも自身の模倣行為に没頭していて，模倣のできばえを気にしたり，人の目を意識してよりよく評価されるよう改善するということが十分にできない。この活動は完全な意味での模倣が可能となる前段階から始め，細かなところまで観察してまったく同じ動きが再生されるレベルにまで到達できるように，遊びの中で模倣の練習を重ねていきたい
発　展	・１対１で，時間差がないように素早くリードの人の動きやポーズを真似る基本の遊びから，１対多で真似る遊びに発展させる。「忍者村の忍者鏡」の前で「分身の術」を修行する，親鳥の姿を子が真似るなどの設定が考えられる。鏡がないバージョンでもよい ・動きが動的で移動域が大きくなるような場合，模倣タイミングを１テンポ遅らせる時間差模倣を試みると，リードの人の動きをしっかりと観察してから動くことができる

鏡①

鏡（スティックあり）①

鏡（フープを用いて）①

鏡②

鏡（スティックあり）②

鏡（フープを用いて）②

2-2　模倣を楽しむ

活動 10 「ジェスチャーゲーム」	
ねらい	与えられた題材の形状や特徴を皆に伝わる振りで表現できるようになる
環境設定 教材準備	課題提示（文字・絵図）のためのボードやカードなど
進め方	①最初は日常動作，スポーツ，動物などさまざまな領域から題材を選び，保育者がこれを子どもに身振りで表現する。何を表現しているのか，何の動作なのか子どもに答えてもらう。子どもがゲームの基本を理解できたら，いろいろな進め方のうちいくつかを行っていく ②まずは全員で行うゲーム。1～3 名程度の回答者を除いたクラスの全員は，集まって表現する題材を何にするか話し合う。表現するものが決まったら，全員が一斉にそれぞれのジェスチャー表現を行う。言い当てることができた回答者側は，自分の代わりを指名し交代する。最初のうちは特徴がつかみやすく表現しやすい動物などを選ぶとよいが，慣れるにしたがってスポーツ・家事・仕事などの動作，アニメヒーローや物語の主人公，有名人などに展開させていくと特徴を把握する力や表現を工夫する力が向上する ③グループ対抗方式でゲームを進める場合，指示課題が描かれたカードを５枚程，指示面が見えないようにして各グループに配布する。選ばれたジェスチャー役１人が課題カードを受け取り，指示課題のすべてを身振りで表し，他のメンバーが回答する。正解が出ない時は「パス」を宣言して次の課題にスキップでき，より早く正解したチームが勝ち ④次はジェスチャー役が順に交代していくリレー方式で進める。ジェスチャーエリアと回答者エリアを決めておき，課題カードはジェスチャーエリアに置いておく。表現者が順番に前に出てカードの課題を表現し，他のメンバーが回答する。パスが宣言されると，課題カードを置いて回答者側に一旦戻り，後で再び挑戦する。この方式も時間制 ⑤次も同じくグループ戦，ただし時間制ではなく得点制。回答者エリアの後ろに保育者が立ち，課題パネルをジェスチャー役に見えるよう高く掲げる。回答者は両方のグループのジェスチャーを見ることができる。正解できれば交代し次に移る。正解の数で勝敗を決める
ポイント ・ 解説	題材は動物の姿，スポーツや日常動作などの人間の動き，自然・人工物や自然現象の描写，抽象表現（幸せ，怒り，明るい），単語から文章へと範囲を広げていくことが可能であり，子どもの認知的な発達に合わせて発展的に展開していくのが望ましい。日々さまざまな場面で身体表現ゲームを行う機会を用意することによって，表現スキルそのものを高めたり，人の身振りからイメージやメッセージを読み取る練習が可能となる。物事を身体表現しようとすると，皆がその認定に用いる共通の特徴や要素というものがあり，そこに焦点を当てて表現するようにすると表現は理解されやすいことに気づかせるようにする。伝わりやすい表現を考えるという習慣も遊びの中で自然と身につけていきたい

■ 2-3　模倣性を体験する（発展）

活動 11　「動きのチェーン」	
ねらい	・動きのイメージを保持し，時間差で再生する遅延模倣の力を強化する ・音楽に助けられながら，短い（8～16 拍）身体表現（動きのスケッチ・パーツ）を考えることができるようになる
環境設定 教材準備	BGM としてさまざまなジャンルの歌や楽曲の CD
進め方	①全員で円になる。中心にいる保育者が 8 拍の「動きのパーツ（振付）」をいくつか呈示し，保育者のカウントで，動きのパーツ 4，5 セットを連続して真似する。動きのパーツを考えるにあたっては，歩く，走る，回るなどの空間移動だけでもよいし，それも難しい時はカウントをとる動作だけでもよいとする。簡単なダンスのステップなども教えてもよい。他に動物の真似，エアー楽器演奏などもよい。音楽をかけ，保育者のリードで 8 拍× 4，5 セットの動きを 2，3 回連続して行う。その中で動きの順番を憶えるようにする ②次は音楽をかけたままにして，子ども 1 人あたり 1 つの「動きのパーツ（振付）」を考えさせる。①で指摘したように移動するだけでも，カウントをとる動作だけでも十分に身体表現ができていることを伝え，考え込んでしまわないよう励ますことが大切である ③全員を 5 ～ 6 人のグループに分け，まずは第 1 グループのメンバーのパーツを使って「動きのチェーン」を全員で行う（2 ～ 3 巡）。続いて第 2，第 3 グループ……とグループの作品を全員で体験する。目標は全員分の「動きのチェーン」を完成させることである ④最初の 8 拍は自分のパーツを次からは右隣りの人の振りを真似していって，次々と各動きのパーツが巡回していくパターンも試してみる。BGM に耳を傾け，まず 8 拍しっかりカウントして動くことが大切である。隣の人の動きを注視しつつ，瞬間的に次の模倣動作に移れるようにすることも，模倣力を発展させるためのよい練習である
ポイント	一人ひとりの責任部分（動きのパーツ）は 8 拍と短いものの，これをつなげていくとそれなりの作品に仕上がる意外性が面白い。音楽に合わせて人の考えた動きを次々と体験していくことで，表現の多様性に気づいたり，人のユニークなアイディアに刺激を受けたりする

3　身体表現活動の豊かな展開のために：心がけるべき注意点

以上，さまざまな活動事例を紹介してきたが，子どもの成長のためにこれらの活動を効果的に実践していこうとすると，どのような点に留意して進めていけばよいのだろうか。

■ 3-1　指導計画の中に位置づける

どの保育園・幼稚園でも長期・短期の「指導計画」が起案されるが，まずは学期や4半期，あるいは月ごとの計画に示されたねらいや指導内容に目を通し全体像を把握した上で，指導計画に沿って，一定の時期に適切な身体表現活動を計画・実行していく必要がある。子どもの生活の連続性，季節の変化などを考慮し，子どもの興味や関心，発達の実情などに応じて，計画性をもって指導内容を配置することが大切である。

また，園生活に変化や彩りをもたらす季節の行事，生活行事などが計画に入ってくることも多い。身体表現活動はそれら行事との親和性が高い。したがって，行事との関連づけを明確にすると，表現活動を教育的に価値あるものにすることができる。たとえば，年度はじまりの4月には，新しい人間関係の緊張を和らげるふれあい・スキンシップ活動や，仲間づくりのためのコミュニケーションゲームなどを意図的に取り入れ，秋には運動会や遠足のため，運動能力をつける活動的な運動遊びを集中して行うといった具合である。

このように，年間指導計画の中で，どのように活動をねらいに沿った形で展開していくか，という全体的視野が大切である。

■ 3-2　継続と発展

次に大切なことは，事例として示した一連の表現活動を一度きり，単発で終わらせるのではなく，継続的に取り組んでいくべきことである。次から次へと新しい活動に移っていくのではなく，基本的な活動を少しずつ変化させ，また発展させ，繰り返し行っていくことが重要である。ここで紹介した事例の中には発展性を秘めたベーシックな活動も多い。

この時期の子どもはさまざまな活動を始めてはやめ，次々に違ったことに興味が移っていくことも多いが，決まった時間に決まったことをする，繰り返しを楽しむ側面もある。つまり，同じことの繰り返し，毎日のリズムに則った繰り返しが心地よく，好きな面もある。夜寝る前に絵本を読んでもらうことを楽しみにしている子どもは多い。

子どもにはいつも行うお気に入りの活動や遊びがあって，飽きることなく同じ遊びに熱中する。しかし，同じように見えても毎回，新たな気持ちで取り組んでいる。この子どもの特徴を活用すべきである。

何度も活動を行っているうちに，できなかったことができるようになる，ここから得られる自信や達成感は運動遊びを通じて得られる重要な指導の成果といえる。鬼遊び，縄跳びなどの遊びは工夫次第で，如何様にも変化発展させることができる奥の深い活動である。少しずつ発展させながら（バリエーションを加えて）継続的に実施していくと，運動能力，社会性などの発展に寄与することであろう。何度も繰り返して，バリエーション豊かに展開していくことが大切である。

■ 3-3　スモールステップの原則

難しい活動に取り組んだ時に，簡単にあきらめてしまう子どもにどう対処するかも考えておくべき点である。課題が複雑だったりすると，座り込んでしまい参加しようとしない子，イライラして粗暴な振舞いで皆を困らせる子もなかにはいる。このような子どもに欠けているのは達成体験である。達成体験とは，与えられた課題や問題を自分が成し遂げたと感じることや，それまでにはできなかったことができたと感じることである。このような体験が十分でないと劣等感をもったり，自分に自信がもてないため自己評価は低くなりがちである。低い自己評価が子どもの意欲や動機づけに及ぼす負の影響は大きい。

そのような子どもに対して，スモールステップの手法を活用することが考えられる。レベルの高い複雑な課題に取り組もうとする場合，いくつもの段階に区切って，何回も繰り返し取り組みながら，徐々にレベルアップしていく方法をとるとよい。しかも，毎回の活動では，ある程度の努力と頑張りで成し遂げることができる現実的な目標を設定することが必要で，成功体験を得やすくする配慮である。本章で紹介した縄跳び，バンブーダンス，わらべうたによる切り返し運動，動きのチェーンなどは，この方法で進めていくと非常に発展性があり，教育的な価値も高いと思われる。

保育者は，子ども一人ひとりにとってどのレベルが発達的に適切な挑戦であるかを理解することに努めるとともに，子どもの状況をみながら困難度に応じて順序づけられたスモールステップをいくつも準備して，実践に用いる力が求められる。

■ 3-4　身体表現の社会的側面

表現活動の意義として，美的，創造的で個性的な表現を追求するという側面と，情報の共有や意思の伝達という側面が考えられる。前者には子ども一人ひとりのイメージや感性を豊かにし，その人なりの表現を支えるスキルを磨くなど，個に焦点を当てた教育目的があり，後者の活動には気持ちや思考を表し，個人間で，あるいは多くの人と共有する目的，つまり，コミュニケーションを豊かにするという社会的な使命のようなものがある。保育園・幼稚園という集団教育の場面では，その特性を生かして，とりわけ後者の要素に重点を置いて身体表現活動を進めていくのが適切だと考える。

参考文献

阿部直美（2015）．『0 ～ 5 歳児の楽しくふれあうわらべうた遊び 120』ナツメ社
板野　平［監］／神原雅之・野上俊之［編著］（1987）．『ダルクローズ教育法によるリトミックコーナー』チャイルド本社

謝　辞

本章の実践課題の例示（写真）には，大阪樟蔭女子大学児童教育学部児童教育学科身体表現ゼミの学生 5 名（2018 年度卒業），佐橋るりさん，谷口みなつさん，中西茜さん，中原鈴香さん，山下姫奈さんに協力していただきました。ここに記して感謝申し上げます。

第5章
乳幼児期の音楽的表現

第１章で乳幼児期の「表現」について，保育・幼児教育における保育内容としての位置づけを述べ，第２章で乳幼児期の「表現」の発達について述べた。いずれも，2017年改訂の「幼稚園教育要領」「保育所保育指針」「幼保連携型認定こども園教育・保育要領」の共通項の視点から考察した。乳幼児期の「表現」は，「表出」に始まり，音声や動きの一体化した「表現」として，遊びの過程を通して発達するものである。

本章では，乳幼児期の音楽という視点から，音楽的表現の発達，乳幼児期に望ましい内容について考える。そのために，乳幼児期の音楽的表現とはどのような音楽経験から生じるものを指すのかについて述べ，今日の保育内容「表現・音楽」の成立過程，その背景にあった幼児教育思想について簡潔に概説する。そして，乳幼児期の遊びの発達と音楽的表現との関係性について考察する。

1　乳幼児期の音楽的表現とは

乳幼児期の音楽的表現は，言葉のはじまりとの分岐がある頃から，音楽に反応して身体を動かしてリズムをとったり，大人からすると音程が非常に曖昧な断片的な歌を唱えるように歌ったりすることも含まれる。たとえば，細田（2001）は，さまざまな研究者による歌の定義を分類している。それによれば，「喃語に抑揚の付いた声で，歌詞もメロディも曖昧であるが，抑揚のある発声であるもの」「大人が歌っているときに，一緒に歌おうとして一部分だけ音声を発するもの」「大人が聞いて，既成の歌を一部歌っていると判断できるもの」「歌詞やメロディの音程が明確で１曲の既成の歌を歌っていると判断できるもの」「既成の歌を一部分取り込むなどして創り出される即興歌」の５種類が挙げられている（細田, 2001）。つまり，乳幼児の「表出」の段階から，音楽的表現は始まっているのである。また，岡林（2003）

が，日常の園生活の中で，「かわって，いいよ」という幼児の応答唱がどのように成立していったかについて縦断的研究を行っているように，日常生活の遊びや体験の中で自発的に生じ，音楽的表現となっていくものも多くみられる。

こうしたことから，乳幼児期の音楽的表現の生じる音楽経験は，「保育要領」に示されていたように，聴くことや歌うこと，それにともなって動くこと，そして楽器を演奏することである。この場合の「動くこと」を，音楽から切り離して身体表現だとはいわない。特に，乳幼児期の発達的特徴として，模倣，ふり遊びが頻繁にみられることから，その遊びの過程で自発的な音楽的表現が生じやすく，歌いながらふりの動きをする，ということは自然な表現であるといえよう。その兆候は，乳児のときからみられるのであり，保育者が歌うことに対する身体的な動きの反応が，歌い出すよりも前から生じることは，具体的な事例研究によって検証されてきた（細田, 2002, 2003）。また，音楽を聴き，身体を動かしてその音楽のリズムを感受していることを表したり，音楽の有するイメージを幼児自身のイメージと重ね合わせようとするときに生じる身体的な動きは，曲想を捉えようとする表れであったりする。このような場合は，すべて音楽経験から生じた音楽的表現であると定義することができる。たとえば，速いテンポの音楽には走ることで，ゆっくりのテンポの音楽にはゆっくり歩くといった幼児の行動は，音楽を感受していることの表れである。そうした身体の動きによって，歌うことや楽器を奏することに関する経験や技術が未熟であっても，幼児は音楽的表現を創り出すことができるのである。

その音楽的表現のはじまりは，音に乳幼児が気づくことである。「幼稚園教育要領」「保育所保育指針」「教育・保育要領」にも自然の音への気づきの重要性が示されている。乳幼児が生活音に気づき，事象に対する視覚的イメージと音のイメージが自分なりに一致するという経験をすることによって，音のイメージを確立していくことが基本なのである。

2　今日の保育内容「表現・音楽」に至るまで

第１章に示したとおり，保育内容「表現」は，1989 年の「幼稚園教育要領」で新しく登場した。それ以前の教科学習的な捉え方がなされやすかった「音楽リズム」や「絵画製作」という領域の分類はされなくなり，幼児期に本質的な遊びを基とした総合的な表現活動を指す「表現」となった。「保育所保育指針」においては，1990 年の改訂時に「幼稚園教育要領」と同様に，「言葉」「健康」「人間関係」「環境」「表現」という5領域のうちの一つとして規定された。

「表現」のうち，音楽的表現に関しては，1989年改訂以前の内容では，小学校の教科と類似していて，教師主導で，行事中心，技術教育に傾倒して，その完成度を求めがちであった。幼児の発達をふまえた経験から生じる表現が重要視されていたとはいえなかった。

つまり，乳幼児の表現を総合的に捉えようとする，乳幼児を主体とした視点の重要性が，1989年改訂以降の「表現」に盛り込まれたものと考えられる。実際，「ねらい」や「内容」についてそれほど変わっていないが，幼児が日常の表現を日々楽しむ積み重ねによって，感性や表現力を養うことができると考えられるようになったのである。

特に，幼児が「感じたことや考えたことを自分なりに表現することを通して」といった幼児の自発性を強調する文言は，1998年12月告示の際に用いられるようになった。それ以降は，ほぼ変わらず，豊かな感性や表現する力を養い，創造性を豊かにすることが理念とされてきた。

次に，「幼稚園教育要領」「保育所保育指針」「教育・保育要領」に共通である3歳児，4歳児，5歳児に求められる保育内容について，今日の音楽的表現に関する部分をまとめてみる。

■ 2-1　3歳児の保育の内容

身の回りのさまざまなものの音，色，形，手触り，動きなどに気づき，音楽に親しむことである。音楽を聴いたり歌ったり，音楽に合わせて身体を動かしたりし，リズム楽器を鳴らす活動をする。同時に，歌や音楽に合わせて，動物や乗り物等の動きを模倣したり，ふりの動きをしたりする。

■ 2-2　4歳児の保育の内容

身の回りのさまざまなものの音，色，形，手触り，動きなどに気づき感動し，音楽を聴き歌い，身体を動かしたり楽器を鳴らしたりする音楽経験を，友達と共有することである。その際，感じたことや想像したことなどを自由に表現し，イメージを広げる。身近な生活経験をごっこ遊びの中で再演したりする。

■ 2-3　5歳児の保育の内容

さまざまなものの音，色，形，手触り，動きなどに気づいたり発見したりし，音楽を聴き歌い，身体を動かしたり楽器を弾いたりする音楽経験を，友達と共有することである。その際，音色の美しさ，リズムの楽しさを感受できる。自分の想像したものを身体の動きや音声で表現したり，興味をもったことのストーリーを演じて楽しむ。

これら3歳児，4歳児，5歳児に関する音楽的表現の保育の内容は，遊びの発達と密接に関連している。一人ひとりの幼児の興味や自発性，表現しようとする意欲を大切にすることが求められている。3歳児では模倣やふり，音に気づくことが重要視され，4歳児では，イメージの確立と幼児同士の認め合いと表現意欲および創造性の育成が目指されている。5歳児では，幼児の表現意欲や創意工夫を認め，幼児の考えや幼児同士の活動および感情の共有が重要視されている。

いずれの年齢でも，活動内容が，生活経験から乖離した特定の技能習得に偏らないようにする配慮が求められている。3歳児に関しては，個としての幼児の自発的な表現が，4歳児，5歳児では，次第に複数の幼児同士のかかわりの中で共有されていくといった社会性の発達が想定されていることがわかる。また，3歳児では，模倣やふりによる表現を，4歳児5歳児では，社会的な遊びによる表現の中で「演じること」へと発達していくことが想定された内容を求められていることがわかる。

3　教育思想にみられる幼児の音楽的表現

今日，上記のような乳幼児期の発達に即した総合的な表現活動としての音楽的表現に関する保育の内容が成立しているのは，第2次世界大戦後に始まった教育や保育に関する制度改革によるものだけではない。その背景には，系譜ともいうべき，教育思想にみられる乳幼児期の音楽に対する考え方の変容があった。ここでは，乳幼児期の音楽についての記述がある主な教育思想に触れる。

■3-1　コメニウスの教育思想にみられる乳幼児期の音楽

近代的な教授学の祖，コメニウス（Johannes Amos Comenius, 1592~1670）は，『大教授学』（1659），『世界図絵』（1658）を著し，学校教育の仕組みや生涯教育に関する当時としては革新的な教育思想を構築した，チェコの教育学者であった。コメニウスは，『大教授学』の中で，乳幼児期の成長には独自的な段階があり，その時期に適切なカリキュラムが必要であると考えていた。コメニウスは，すべての知識は，感覚的直観から始まるとして（コメニウス, 1975），遊びを中心とした教育，生活を通した感覚や直観による教授法を提示した。それによれば，実際的な技能，言語的な技能，感覚的な技能が必要であり，音楽も含まれていた。乳幼児がリズムや旋律を知覚できるような環境を与え，音楽の諸要素を教えるために，簡単な讃美歌などを歌うように，導入的な音楽経験をさせるべきだと考えたのである。当時，一般的な子ども向けの音楽教育は知られておらず，音楽は貴族階級に向けたものであったのであるから，どれほど進歩的な考え方であったかがわかるだろう。

また，家庭教育，とりわけ母親の重要性を説き，母親学校（Schola Materna）のあり方を提示した。母親学校では，0歳から6歳までの子どもが「母親の膝」の上で，母親を教師として行われる基本的な学習が重要視された（五十嵐, 2016）。著書，『母親学校の指針』（1629～1632年執筆）（藤原, 1988）の中で，健康のために，乳児期からあやすことに楽器を用い，3歳前後の遊びで目や耳に対する刺激が必要であることが強調されている。乳幼児は本来，音に関心があること，3歳4歳で音楽を鑑賞し遊びの中で童謡を歌うこと，5歳までに讃美歌を歌うことや音楽的な諸要素の認識に向けて家庭の中で一緒に歌うことなどが提示されていた。

■ 3-2　ルソーと音楽

ルソー（Jean-Jacques Rousseau, 1712～1778）は，スイスのジュネーブに生まれた哲学者であり，近代民主主義の古典としての著書『社会契約論』（1762）がある。また，教育に関する著書，『エミール』（1762）が有名である。同時にルソーは音楽家でもあり，オペラ『村の占い師』を作曲した。その挿入曲が，後に日本で童謡《むすんでひらいて》として，よく知られるようになった。また，「数字記譜法」を発案し，自身の音楽研究を『近代音楽論究』として著した。晩年には『音楽事典』を著し，音楽を自然的（讃歌，聖歌等と和声的音楽）と模倣的（オペラの音楽）とに分類した（長谷川, 1981）。音楽教育に関しては，『エミール』の中で，正しく，しなやかに，よく響くように歌うことが大事であることや，楽譜を導入することに慎重であること等が示されていた（ルソー, 1971）。当時の時代背景もあるが，基本的に，ルソーにとって音楽は，生命感と感情を味わう楽しみであった（ルソー, 1971）。そして，子どもの想像力や知覚能力に合った歌を作ることや，音楽の即興を行うことが望ましいと考えていた。ルソーは，音楽教育において，その表現力のもつ道徳性や創造力に意義を見出していた。また，ルソー自身と音楽との関係性については，著書，『告白』の中でも述べられていた。

■ 3-3　ペスタロッチの時代

ペスタロッチ（Johann Heinrich Pestalozzi, 1746〜1827）は，孤児や貧困の子どものための学校を設立したスイスの教育実践家，教育学者である。直観教授，労作教育の思想がよく知られ，『隠者の夕暮』（1780），『リーンハルトとゲルトルート』（1781〜1787），『ゲルトルートはいかにその子を教えたか』（1801），『幼児教育の書簡』（1818）等の著書がある。音楽教育に関しては，主著の中でも，『リーンハルトとゲルトルート』において，いかに母親が子ども達に歌って聞かせたか，子どもが母親の歌うのを模倣して歌えるようになったかについて述べている。ペスタロッチが音楽教育，とりわけ歌唱教育の重要性を認識していたことは，『ゲルトルートはいかにその子を教えたか』に著されており，音の指導について，話し言葉のための指導と唱歌のための音声指導の教練に分けられていた（黒澤, 2012）。『幼児教育の書簡』中で，音楽が感情に有益な影響を及ぼし，音楽的感情が正しくつちかわれることが重要であると述べられている（田口, 1976；ペスタロッチ, 1983）。また，家庭教育や特に母親の重要性，女性の幼児教育に果たす役割についても強調されていた。

このような音楽教育が歌唱から始まると考えた思想に同調したネーゲリ（Hans Georg Nägeli, 1773〜1836）は，ペスタロッチの初等教育の考え方を一般大衆にまで広げ，チューリッヒをはじめとして各地に合唱団を作り，1805年に児童唱歌研究所を立てた。

■ 3-4　フレーベルの「自己活動」

フレーベル（Friedrich Wilhelm August Fröbel, 1782〜1852）は，ドイツの教育学者であり，前述のペスタロッチに師事し，就学前教育においてその実践と理論を構築したドイツの教育学者であった。幼稚園の創始者であり，遊びの要素に満ちた自己活動を重要視した。教具としての「恩物」がよく知られている。また，主著として，『人間の教育』（1826），『母の歌と愛撫の歌』（1844）等が挙げられる。フレーベルは，主に幼児を対象とする「遊戯」を支える主要素として音楽を位置づけており（山口, 1998），遊戯の活動過程において音感，リズム感および旋律感の形成を目指そうとした。特に，『母の歌と愛撫の歌』は，7首の「母の歌」，50首の「遊戯歌」，1首の「結び歌」および，挿絵と解説から成っている母親のための教育書であった。たとえば，「風見の塔」という，風見の鶏の動きを模倣して手を動かす遊び，「なつかしいおばあさんとお母さん」という，5本の指を家族に見立てる指遊び，また，当時の職業に関する遊び「炭焼き小屋」「大工さん」「車屋さん」「建具屋さん」等，当時の幼児の日常生活に身近な題材が用いられていた。

■ 3-5　モンテッソーリの「感覚教育」

モンテッソーリ（Maria Montessori, 1870〜1952）は，イタリアの女性医師，教育者であった。モンテッソーリは，イタリアに1907年に開設した「子どもの家」で，イタールやセガンの障がい児教育に学んだ感覚教育を，親の保護に欠ける幼児達に行った。そうした幼児の観察や実践の結果からモンテッソーリが得たのは，「用意された環境」による「自己教育」「感覚訓練」というメソッドであった。この「感覚訓練」について，音楽教育に関しては，「静粛の練習」「雑音筒」「音感ベル」が提示された。モンテッソーリの音楽教育に主に携わったのは，マッケローニ（Anna Maria Maccheroni, 1876〜1965）とバーネット（Elise Braun Barnett, 1904〜1994）であった（第6章1-4を参照☞88頁）。

■ 3-6　マクミランによる保育内容への寄与

イギリスの保育学校の発展に寄与したマクミラン（Margaret McMillan, 1860〜1931）は，社会・医療福祉活動を経て，野外保育学校を開設し，就学前教育に専念してきた。1919年の「保育学校規定」公的制度整備の第一歩に即して，マクミランは，保育者養成のための手引書を著した。彼女の構想した養成課程は，主に当時のイギリスにおける貧困層の幼児達のニーズに応える福祉の精神を備えた保育専門職育成のためのものであった。その中で3年課程の保育者養成を論じ，実際に保育者養成校，レーチェル・マクミラン・カレッジを設立した。彼女は，『想像力による教育』（1904）という著書の中で，子どもの芸術教育の重要性を説き，リボー（Théodule-Armand Ribot, 1839〜1916）の創造的想像力の理論に学んで，音楽に関する想像力に着目し，保育内容には，唱歌や動きによる表現が必要だとしていた。その著書の中で，音楽に秀でたマクミランが，保育学校のお昼に，幼児達にピアノを弾いて聴かせていたことや，想像力の発達が著しいという幼児期の発達的特徴を生かした保育の内容について述べられていた。

■ 3-7　アイザックスによる幼児の劇化

イギリスのアイザックス（Susan Isaacs, 1885〜1948）は，イギリスのロンドン大学の附属幼稚園であったモールティング・ハウス校での実践（1924〜1929）による幼児の観察記録から，『幼児の知的発達』（1930）や『幼児の社会的発達』（1933）を著した。アイザックス自身が音楽教育に強い関心があったわけでなかったが，幼児の精神的な発達のためには，劇化の表現が必要だと考えた。彼女の著書『幼児の知的発達』においては，幼児が遊びの中で歌をともなった劇化表現を頻繁にしていた事例が挙げられている。また，保育内容に，音楽・劇化による表現を組み込んだことが述べられている。同時に，昔から伝えられている賛美歌，童謡および遊び歌が重要であるとしている（田口, 1976）。

■3-8　デューイの「なすことによって学ぶ」経験主義

アメリカ合衆国の教育学者，哲学者のデューイ（John Dewey, 1859～1952）は，幼稚園と小学校の教育の一貫性を唱え，子どもの日常生活経験をとおした「なすことによって学ぶ」経験主義を主張した。デューイは，シカゴ大学の実験学校においての実践から，幼児期の想像力の重要性を強調した（McLellan & Dewey, 1895）。幼児が劇化する傾向を見出し，幼児には「劇化」への衝動性があるのだと考えた。また，「美的経験」としての音楽経験の大切さも述べている。デューイは，その本質的な部分について『経験としての芸術』に述べており，感情が表現活動によって明瞭になるとき，美的感情が生じるのだと考えていた（Dewey, 1934）。

4　日本の幼児教育における「音楽的表現」の意義

第3節では，コメニウスからデューイまで，著名な教育学者が乳幼児教育の中でどのように音楽的表現を捉えてきたかということについて要約した。

日本では，幕末から鼓笛隊が編成され，軍制改革の中でオランダ人からドラム奏法を学んだ武士も多く，後述する伊沢修二も少年時代に鼓手の経験があった（奥中, 2008）。明治初期から，西洋文化が積極的に取り入れられ，音楽教育に関しても例外ではなかった。1876年，倉橋惣三によって，東京女子師範学校附属幼稚園が設立され，保育の中に「唱歌」が組み込まれていた。次々に幼稚園が設立されるにつれて，唱歌しながらこれを動作に表し遊戯するという「唱歌遊戯」が重要視されるようになった。

その近代教育の開拓者ともいえるのが，伊沢修二であった。伊沢は，愛知師範学校校長時代に，「唱歌遊戯」を提唱していた。それは，フレーベル主義教育に基づいた伊沢の実践計画の具体的な内容でもあった。伊沢の米国留学前の「愛知師範学校年報」の報告書には，伊沢自身が創案した唱歌遊戯《椿》《胡蝶》《鼠》が例示されていた。たとえば，《椿》は，幼児達が唱歌を歌いながら輪になって回り，椿の花の一部分に見立てて，椿の花が開いたり閉じたりする様子を歌詞に合わせて動きで演じるというものであった（奥中, 2008）。そして，師範学科取調として，アメリカ合衆国に派遣され，マサチューセッツ州のブリッジウォートル師範学校に入学した。当時のボストンでは，唱歌に関して，オハイオ州から音楽教師メーソン（Luther Whiting Mason, 1818〜1896）を招いて初等学校音楽監督とし，西欧諸国の教授法を参照しながら米国の教育内容を構築しようとしていた。そこで，伊沢は，メーソンに出会い，音楽教育に関して学ぶことになった。

伊沢は，帰国後，1879 年に音楽取調掛となり，日本に西洋式の音楽教育を普及させるために，アメリカ合衆国からメーソンを招聘した。まず，内外音楽の相違点を調査し，東京師範学校付属小学校および女子師範学校付属幼稚園並びに小学校の生徒に唱歌教育を実践し，それらを全国に普及させるために伝習生を募集，採用した。それから，唱歌の編纂のための曲を収集した。日本の雅楽等に対するスコットランドや古代イギリスの曲の類似性をメーソンに指摘され，スコットランドの曲も採用された。《蛍の光》はよく知られているが，日本の音律と西洋の音律とが符合するという発見は，メーソンと伊沢によるものであった。1881 年に日本で初めての音楽教科書『小学唱歌集』が完成した。1887 年には，『幼稚園唱歌集』が編纂され，29 曲の唱歌のうち，《蝶々》《蜜蜂（ぶんぶんぶん）》等，欧米の歌唱教材が多く採用されていた。また，1892 年『小学唱歌』の編纂が行われた。後に，音楽取調所が設立され，1887 年 10 月に官立音楽学校（東京音楽学校）となり，伊沢が初代校長に就任した（上沼, 1962；東京芸術大学音楽取調掛研究班, 1976）。

1915 年から 1918 年にかけても，『大正幼年唱歌』全 12 巻が出版されたが，歌詞が難解であったり，幼児の生活や感覚とかけ離れたりしていた。大正時代には児童中心主義が台頭し，鈴木三重吉（1882〜1936）によって，雑誌『赤い鳥』が創刊され，童謡運動も起こった。それは，児童のための雑誌『赤い鳥』に北原白秋をはじめとする作家や詩人が童謡を寄稿し，山田耕作らがそれに曲をつけるかたちで発展してきた。中でも，野口雨情（1882〜1945）による幼児向けの童謡《十五夜お月さん》《証城寺の狸囃子》等は，よく知られている。

第 2 次世界大戦後，幼児教育における音楽的表現は，1950 年の学校教育法によって，保育内容としての「音楽リズム」，そして 1989 年の幼稚園教育要領改訂以降の「表現」へと捉え方が変遷してきたのである。

幼児教育における「音楽的表現」の意義は，情操を養うばかりでなく，幼児が自発的に何かを創り出したり表したりすることへの意欲を促すことなのである。

5　乳幼児期の発達的特徴と音楽的表現の発達

本節では，第2章に示した0歳から6歳までの乳幼児の発達的特徴に基づいて，どのような音楽的能力の発達がみられ，どのような音楽経験が望ましいかについて述べる。その上で，乳幼児期の遊び理論と音楽的表現との関係性について概説する。

■ 5-1　0〜1歳

生後2週間までを新生児とよび，この頃には，音声も単純な音として聞こえている。生後2週間以後1歳までが乳児期であり，音声上の喃語期，生後8か月頃から模倣期となる。

音を判別して認知し，言語として理解するには，6か月以上の経過が必要である。次第に，強い音や特定の音等の記憶される音の種類が増し，音の理解や模倣，反復をする自己模倣期となる。

こうした状態における音楽的表現には，音楽を聞かせたり，歌や音楽による身体の動きをともなう表現を，保育者が乳児と共に行うことが望ましい。乳児が1人遊びをしているときに，保育者が働きかけて乳児の快い情緒を活発にし，音楽的表現によって乳児の喜びや美的感情への動機づけを図ることができる。2017年改訂の「保育所保育指針」「教育・保育要領」においては，各第2章の保育の「ねらい」と「内容」の部分に，身近な環境にかかわる感覚的な経験の重要性や，身体の動きによる表現について記述されている。特に，乳児保育の3つのうちの1つの視点として「身近なものとかかわり感性が育つ」ことの重要性が示されている。

■ 5-2　1〜2歳

乳児は，1歳前後で歩行できるようになり，幼児の仲間入りをする。この頃は，聞こえる音声や見えるものの動きを模倣する能力が，著しく発達する。この時期の保護者や保育者の役割は大きい。

1歳児は，さまざまな歌や音楽を聴く能力が発達し，音の模倣，歌の中の短い簡単な歌詞に抑揚をつけて，歌詞に合わせて遊びや動きをすることができるようになる。そのため，簡単なストーリーのある遊びに参加できるようにし，遊びや動きを模倣する活動を充実させることが，保育者に求められる。

この時期には，特に，歌や音楽を幼児の興味のある事物と結びつけた身体の動きをともなう活動が適切である。遊びの一場面として，歌や音楽，楽器演奏等を保育

表 5-1　1〜2 歳の頃に望ましい活動

①歩く，走る，ボールを投げてとってくるなどの動きをする
②動物や働く人の動きの模倣をする
③音楽の速い遅いといったテンポを感受して動きで表現する
④簡単な唱えことば遊びやわらべ歌あそびをする

者が幼児にしてみせると，幼児にはそのイメージが伝わりやすい。筆者の調査や実践的研究（佐野, 2010）からも，感覚運動機能の発達，リズム感の発達のために，次のような活動が望ましいといえる（表 5-1）。

■ 5-3　2〜3 歳

この頃には，知覚や記憶力の発達が著しく，動き回って外界で経験できるようになったことにより，想像力が急速に発達する。満 3 歳になるまでには，言葉の数は 1200〜1500 語に達し，思考力も一層発達して，模倣が上手になる。歌唱の音域は，E〜A（ミ〜ラ）まで程度である。音程をとって歌うことに関しては，個人差が大きく，日本のわらべ歌《ほたるこい》の音程を 2 歳半でとれる幼児も，まったく歌えない幼児もいる。保育者は，そこに着目するのではなく，幼児が模倣から自分なりのイメージ形成に向かい，創造的な表現の萌芽をみせていることに気づくべきである。

この時期には，音楽の「強弱」「高低」「音色」「緩急」を区別する幼児の能力が発達し，身体の動きによるリズムの表現，音楽遊びを通して，音楽と動きの一体化した音楽的表現が発達する。そのために，幼児の興味関心による自然や動物，乗り物等の特徴が表された歌，行進曲などの幼児が音楽と動きのイメージを一致させやすい音楽を聴く経験が必要である。音楽的表現における動きに関する発達は，表 5-2 のように示すことができる。

⑩の経験がうまくできる頃には，鈴，カスタネット，タンブリンといったリズム楽器や大太鼓を用いて，幼児のよく知っている歌や音楽に合わせて，拍子打ちやリズム打ちができる。また，それらを動きと組み合わせた表現もできるようになる。

2017 年改訂の「保育所保育指針」「教育・保育要領」においては，前述，5-2, 5-3 は，「1 歳以上 3 歳未満児」という発達区分で示され，第 2 章の保育の「ねらい」と「内容」の部分に，保育内容「表現」として記述されている。そこでは，感覚的な経験や「感じたことや考えたことなどを自分なりに表現しようとする」ことの重要性が示されている。

表 5-2　2〜3 歳児の音楽的表現における動きに関する発達

①普通のテンポやゆっくりのテンポで歩く
②速いテンポで歩いたり，走ったりする
③直線上を歩くことができる
④円に沿って歩くことができる
⑤２人の友達と手をつないで歩く
⑥2，３人の幼児同士で電車ごっこができる
⑦片足跳びができる
⑧両足跳びをして移動できる
⑨複数の幼児同士で手をつないで輪になって回ることができる
⑩音楽に合ったリズミカルな動きができる

■ 5-4　3〜4 歳

この頃には，絵本やお話を要求し，つくり歌を歌ったり絵を描いたりするようになる。それらの活動は別々ではなく，描きながら歌う，遊びながら歌う様子が多くみられる。幼児は，感じたことを，想像力により，自らの活動の展開として，全身の動きをともなって表現するのである。そして，音楽を聴いて，音楽が楽しそうだ，明るい，悲しそうだ，こわい，など曲に示される感情をつかむことができるようになる。

そのために，3 歳児には，日常生活の中での認識や活動および感情を，身体的な動きによるリズムの表現，歌や音楽の遊びによって表現する活動が望ましい。その過程で，お話，絵本，紙芝居，パネルシアター，人形劇等の題材を，多様な歌や音楽と結びつけ，言葉遊び，わらべ歌遊び，集団で行う音楽のリズム遊びは，音楽的表現の発達に効果的である。音楽のテンポやイメージ等，幼児にわかりやすい曲想に応じて動き，拍子打ちをし，輪になって表現の活動ができるようになるのである。

■ 5-5　4〜5 歳

この頃には，3 歳の頃よりも，歌や遊びについて内容をより具体的に受容して生き生きと表現できるようになる。物事の判断，集団における協調性，ルール理解が発達する。

そのため，4 歳児には，歌や音楽のイメージを他児達と共有して集団で行う表現活動の経験が望ましい。遊びの中の多様な表現による劇遊び等の活動に，その意義が見出される。歌唱の音域は，D〜H（レ〜シ）まで程度である。さまざまなリズム，音楽のテンポや曲想，音の強弱や高低に反応する動き，集団での前進，後進や輪になって回ること等ができ，打楽器でのリズム打ちができるようになる。

■ 5-6　5〜6歳

この頃には，言葉を話す基礎ができており，語彙が豊富になると想像力や思考力が発達し，物語を聞いて意味を理解し，遊びの中で表現できるようになる。そのため，次第に他児とイメージを共有し，活動は，テーマやストーリー性のある表現へと展開していき，役割演技から即興表現，創作劇へ，また，歌や音楽中心となって動きがともなう音楽劇となったりする。歌唱の音域は，D〜C（レ〜ド）まで程度である。そこで，歌うことについては，より豊かなイメージを想像し，表情豊かな歌唱を意図的に追求することができるようになる。

したがって，5歳児には，「幼稚園教育要領」等に記されているように，音楽を構成する要素の認識ができ，表現や鑑賞する力を豊かにする経験が望ましい。

2017年改訂の「保育所保育指針」「教育・保育要領」においては，前述，5-4, 5-5, 5-6は，「3歳以上（満3歳以上）児」という発達区分で示されている。その保育のねらいと内容は，第1章に概説した。

6　乳幼児期の遊びと音楽的表現

乳幼児は，遊びによって学び，自らを表現するために音や身体的な動きを用いるようになる。赤ん坊のときから，目は動く対象を追いかけ，おもちゃの出す音に反応することで，感覚的な情報を獲得する。乳幼児は，環境にはたらきかけることによって学習する。そのために，感覚（聴覚，視覚，味覚，嗅覚，触覚）はとても重要である。ピアジェは，この時期を「感覚運動期」とよんだ。

スイスの著名な心理学者，ピアジェ（Jean Piaget, 1896〜1980）の研究は，特に子どもの認知的発達に関して貢献してきた。ピアジェの認知発達論は，子どもには発達段階があり，それによって子どもの認知発達がどの程度かを理解するのに役立つ段階説であった。ピアジェは，①感覚運動期（誕生から2歳頃まで），②前操作期（2歳から7歳頃まで），③具体的操作期（7歳から11歳頃まで），④形式的操作期（11歳から15歳頃まで）の主な4段階を提唱した。そのうち，乳幼児期にかかわるのは，①②の段階である。この考え方は，音楽的表現の発達にも，応用が試みられてきた。ここでは，①②の段階の音楽経験についてのみ示す。

■ 6-1　感覚運動期の音楽経験

特に，感覚運動期においては，実在するものか記憶の中のものか，その対象の動きを模倣する傾向にある。そこから，ふりの思考（as-if thinking）が始まる。この発達段階において，生後2年間の音楽経験は，次のような遊びによって得られる（表5-3参照）。

■ 6-2　前操作期の音楽経験

前操作期では，幼児の言葉や知覚が急速に発達する。幼児達は，それまでの感覚運動のかわりに，象徴遊び（Piaget, 1962）によって表象能力を育む。すなわち，言語化したり，歌や動き，音を創り出すことによって，音楽的表現を始める。この時期のはじめ頃（2〜4歳）は，自己中心的なものの見方をし，物事を断片的に捉える傾向にあり，ゲームのルールもよく理解できない傾向にある。この時期の遊びと音楽的表現とを関連させて考えると，表5-4のような活動が望ましい。

4歳でも，部分と全体とを同時に理解するのは困難であり，歌の言葉のリズムをとったりする活動を繰り返すことから始めて，次第に比較できるリズムの経験をすることが望ましい。また，表5-4の④は，この頃の幼児が，拍子やリズムパターン，音や動きに対するイメージを，明確に音楽の中で聴くことができるようになってくることを意味している。また，音楽のテンポの速い遅い，あるいは同じか異なって

表5-3　生後2年間の音楽経験としての遊び

感覚運動期の音楽経験
①音への気づき・発見
②音の模倣
③動きをともなった歌（言葉のリズムの理解）

表5-4　3〜5歳児の音楽経験

前操作期の音楽経験
①歌遊び，手遊び，指遊び（かくれんぼ等の要素があると，自己中心的なものの見方からの「脱中心化」を促す）
②歌の言葉のリズムをとる
③比較できるリズムの経験
④音楽を構成する要素への気づき
⑤歌・動きによる表現
⑥ストーリー性のある音楽表現（オペレッタ等）

いるかに関する気づきに関しては，ピアジェによる空間・数・物質の課題で保存ができる幼児の理解がよい傾向にある。

■ 6-3　乳幼児期の遊び理論と音楽的表現との関係性

前述，ピアジェの認知発達論に基づく遊びの発達は，音楽的表現と関連づけると主に次のような3段階で示される。

①機能遊び：乳幼児期に始まる認知発達の第1段階（0～2歳）の感覚運動期に相当する。いわゆる音を楽しむ時期である。

②象徴遊び（役割演技遊び）：2～7歳は，前操作期の段階に相当する。想像力によるふりの思考が発達し，「ごっこ遊び」からストーリーのある「役割演技遊び」へと発展する。それは，幼児が，実物に近いものを何かに見立てることから，次第に実物から離れた対象を何かの象徴としてもちいることができるようになるにともなって，幼児自らが，日常の枠を超えたストーリーを考え，音や身体の動きによる表現をするようになることである。その過程においては，幼児の考え出す役割演技，ストーリーは瞬間的なものであり，不安定なものである。そこで，歌の劇化やストーリー性のある歌や音楽による動きの表現が，遊びの発達に即していると言える。

③ルールをともなう遊び：7～11歳は，具体的操作期であり，遊びのルールが理解できるようになっている。この段階の「役割演技遊び」では，オペレッタのようなストーリーや登場人物が既定された表現を完全にできるようになる。

上記の認知的発達に視点を置いたピアジェと，社会性の発達に視点を置いたパーテンの両側面から，乳幼児期における遊びの発達スケールによる観察方法を示しているのが，ピアジェ・パーテンスケール（Rubin, 1977）である。認知的発達のレベルは，「機能遊び」「構成遊び」「象徴遊び（役割演技遊び）」「ルールをともなう遊び」へと向かい，社会的発達のレベルは，「1人遊び」「平行遊び」「集団遊び」へと向かう。それによれば，たとえば，おもちゃのガラガラを振って音を出して喜ぶ遊びは，認知的発達が「機能遊び」，社会的発達が「1人遊び」となる。

このように，非常に原初的な発達の頃から，乳幼児の音楽的表現は遊びの発達によって捉えることができる。

表 5-5　認知的発達の 3 レベル

動作的レベル	映像的レベル	象徴的レベル
①理解を身体的な動きで表す ②聴いたものを模倣する ③聴いたものを動きで表現する ④音楽についての自分の考えを，楽器や言葉による即興表現で表す	①視覚的イメージを音楽の響きに対応させる ②①に言葉のイメージが加わる	①音楽についての聴覚的な概念を，用語や記譜と結びつける ②音とシンボルとを対応させて理解する ③音楽的なアイデアを構成して楽譜にする

■ 6-4　認知的発達と幼児の音楽的表現の発達との関係性

米国の心理学者，ブルーナー（Jerome Seymour Bruner, 1915～2016）は，子どもの認知的発達について，情報を集めて処理する能力が発達することであると考え，行為による「動作的表象」から，イメージや図像によって表す「映像的表象」，言葉によって表す「象徴的表象」へという方法の発展がみられることを示した。ブルーナーは，子どもの発達に即した音楽経験が重要であると考え，3 レベルに分類した（表 5-5）。動作的レベルについて，①から③までは乳児から幼児期中期まで，④は幼児期中期以降の音楽的表現の特徴である。次の映像的レベルは幼児期の，象徴的レベルは小学校就学期の音楽的表現の特徴である。

このように，乳幼児期の遊びと音楽的表現の発達には密接な関係があり，認知的発達の音楽的表現に対する影響が大きいことがわかる。

参考文献

五十嵐裕子（2016）．「コメニウスの保育思想に関する一考察――「母親学校」と「幼児期の学校」を中心に」『浦和大学・浦和大学短期大学部　浦和論叢』*54*, 1–16.
岡林典子（2003）．「生活の中の音楽的行為に関する一考察――応答唱《かーわってー・いいよー》の成立過程の縦断的観察から」『保育学研究』*41*(2)，210–217.
奥中康人（2008）．『国家と音楽――伊澤修二がめざした日本近代』春秋社
上沼八郎（1962）．『伊沢修二』吉川弘文館
黒澤英典（2012）．「ゲルトルート児童教育法の考察」『武蔵大学人文学会雑誌』*44*(1・2)，1–90.
コメニウス／稲富次郎［訳］（1975）．『大教授学』玉川大学出版部
佐野美奈（2010）．「音楽経験促進プログラムの 2 年目の実践過程における保育者の創意工夫――4，5 歳児のストーリーの劇化へのかかわりを中心に」『教育方法学研究』*35*, 25–34.

田口仁久（1976）．『イギリス幼児教育史』明治図書出版
長谷川博史（1981）．「J. J. ルソーにおける音楽と人間――音楽教育史的考察」『聖徳大学研究紀要』*14*, 185–215.
藤原幸男（1988）．「コメニウスにおける幼児教育論の展開」『琉球大学教育学部紀要第一部・第二部』*33*, 193–205.
ペスタロッチ，J.／田口仁久［訳］（1983）．『幼児教育の書簡』玉川大学出版部
細田淳子（2001）．「ことばの獲得初期における音楽的表現――子どもがうたい始めるとき」『東京家政大学研究紀要』*41*(1), 107–113.
細田淳子（2002）．「ことばの獲得初期における音楽的表現――身体で感じるリズム」『東京家政大学研究紀要』*42*(1), 133–139.
細田淳子（2003）．「乳児は歌をどのようにうたい始めるか――音楽的刺激に対する身体反応」『東京家政大学研究紀要』*43*(1), 79–84.
ルソー，J.／今野一雄［訳］（1971）．『エミール（上）』岩波書店
山口文子（1998）．「音楽教育史におけるペスタロッチとフレーベル・研究序説」『茨城大学教育学部紀要（教育科学）』*47*, 59–73.
Dewey, J.（1934）. *Art as experience*, New York: Minton, Balch & Company.
McLellan, J., & Dewey, J.（1895）. *The Psychology of Number and its Applications to Methods of Teaching Arithmetic*, New York: D. Appleton and Company.
Piaget, J.（1962）. *Play, Dreams, and Imitation in Childhood*（C. Gattegno, & F. M. Hodgson, Trans.）. London: Routledge & Kegan Paul Ltd.（Original work publishied 1945）
Rubin, K.（1977）. Play behaviors of young children, *Young Children, 32*(6), 18–24.

第6章
幼児の音楽的表現を促す音楽教育方法について

本章では，今日まで，日本の乳幼児期の音楽経験に影響を与え続けている音楽教育方法について述べる。それらをふまえて，乳幼児期に望ましい音楽経験について，実践事例を挙げながら検討する。

まず，幼児期を対象とした主な音楽教育方法について概説する。ここでは，身体的な動きの表現による直観的な音楽理解を促す理論と方法を構築したダルクローズ，歌うことを重要視してわらべうた教育で知られるコダーイ，動き・言葉・音楽による即興表現を重要視したオルフ，第5章3-5の教育思想で取り上げたモンテッソーリによる音楽教育方法について取り上げる。

1　幼児期を対象とした主な音楽教育方法

■ 1-1　ダルクローズのリトミック教育について

ジャック＝ダルクローズ（Émile Jaques-Dalcroze, 1865～1950）は，スイスの作曲家，音楽教育家で，リトミック教育の創始者であった。スイスのジュネーブ音楽院で教鞭をとっていたときに，従来行われてきた音楽の基礎訓練に欠陥があると考え，リトミックの理念と実践理論を構築した。リトミックはユーリズミックス（Eurhythmics＝よいリズム）に由来し，リズムを身体的な動きで感覚的，直観的に感受，表現することを通して，諸感覚機能を高め，リズム感覚の成長を促し，音楽的表現に必要な諸能力，心身の調整能力，反応能力，即興能力等を育成しようとするものである。その教育内容は，①リズム運動（即時反応），②ソルフェージュ（聴覚の訓練），③即興演奏からなっていた。

リトミックの活動目的は，①注意集中能力，②即時的反射反応能力，③心身の調和のとれた豊かな表現能力である。

（1）3~4 歳の目標

3 ～ 4 歳の目標は，①精神の集中力を養い，②感覚的なからだづくりの初歩的訓練を行う，③模倣遊びによって想像，創作の芽生えをつちかうことである。

（2）4~5 歳の目標

4~5 歳の目標は，①感覚的身体反応，②模倣遊び，③想像の世界を経験して創作意欲を高めることである。歌う，聴く，拍子・リズム・フレーズ感等の聴覚の訓練と，歩く・かけ足・スキップ・ギャロップ・ジャンプ等の動作の訓練が具体的な目標である。

（3）5~6 歳の目標

5~6 歳の目標は，①感覚的に捉えたものを，知的に理解するようになることである。たとえば，音価についてリズム積木による視覚的な理解，数概念に対する興味を養い，おはじきを五線譜に並べたりする。②模倣遊び，歌遊び，劇遊び等を通して，創作する態度や意欲を育てることである。③リズム合奏，メロディ楽器で自由にメロディを弾けることである。

リトミックは，世界中に普及し，1915 年にはニューヨークにダルクローズ音楽学校が設立された。

日本において，初めてダルクローズのリトミックを紹介したのは，歌舞伎俳優の二代目市川左団次（1880～1940）と作曲家山田耕作（1886～1965）であった（中山, 2013）。日本の幼児教育や初等教育にリトミックが導入されたのは，小林宗作（1893～1963）によってであった。小林宗作は，1923 年にフランスに渡り，ダルクローズに師事，リトミックを学んで帰国後，成城幼稚園で，幼児にリトミックを指導した（今村, 2009）。1925 年には，成城小学校で実践を行い，リズムと動きを重要視し，幼児の全面発達を促す幼児教育として，総合リズム教育を発表した。天野蝶（1891～1979）は，1931 年パリのダルクローズ学校にリトミックを学び，帰国後，体育教育の側面から，自由な表現を重要視した天野式リトミックを創案，世に広めた。第 2 次世界大戦後，板野平（1928～2009）はニューヨークでリトミックを学び，帰国後，音楽大学の教員養成コースでの教育およびダルクローズ研究等を通して，全国に普及させたことが知られている。リトミックの教則本も年齢別に刊行されている（全日本リトミック音楽教育研究会 , 2011）。

■ 1-2　コダーイのわらべうた教育

コダーイ（Kodály Zoltán, 1882〜1967）は，ハンガリーの作曲家，民族音楽学者，言語学者，哲学者であり，教育家でもあった。コダーイは民族音楽学に関して民謡の研究を行っていた。同時に作曲家としても活躍する中，1925 年の児童向け合唱曲を作曲したことから，音楽教育にも興味をもつようになり，音楽教育に大きく寄与した。コダーイは，3〜7 歳の子どもには特に音楽教育が重要であるとし，特に音楽と言語との完全な関係がわらべうたにおいて見出されると考えた。

コダーイは，歌うことを重要視し，わらべうた遊びを中心とした活動について，その指導法を考えた。それによれば，①大人が歌うのを聴いて覚える，②歌詞で歌う，③リズムを手で打つ，④リズム唱をし，合わせて歩く，⑤既知のメロディやリズムで即興歌を作る，といった順序であった。また，文字譜（レターサイン）の導入，『333 の読み方練習曲』（視唱の訓練に役立つ）（1943），『50 の子どもの曲集』を著し，棒記譜も考案した。コダーイのそうした音楽教材は 5 音音階でできており，ハンガリー民族音楽が 5 音音階から成っているという特徴（室町, 2013）を，彼の音楽教育観に表していた。5 音音階について，コダーイは，最初はソ－ミだけの 2 音，次にミ－ソ－ラの 3 音，そしてド－レ－ミ－ソ－ラからなる 5 音音階（ペンタトニック）へと自然に歌うことに幼児を導き，簡易なリズムパターンの活動が加わるといった音楽経験を考えた。

彼の音楽教育は，コダーイ・システムと呼ばれ，1964 年の国際音楽教育会議で紹介された。その音楽教育の目的は，①音楽的母国語の意識的な習得，②子どもの歌う興味を高めること，③音楽的興味の教育と指導，④音楽的能力の発達，⑤民謡の水準の楽譜を読み書きできる技能の習得にあった。コダーイは，ハンガリーの民族音楽文化を伝承していくことに強い意欲をもっていた。なお，コダーイの幼児期のプログラムは，表 6-1 の 6 項目に要約できる（McDonald & Simons, 1989）。

表 6-1　コダーイの幼児期のプログラムに関する事項の要約

①無伴奏で歌うこと（限られた音域や音の数の歌を歌う過程で，音程を正確に再生することが重要視された）
②動き（自由な動き，歌いながらのゲームやダンスをし，拍に対して正確に反応すること）
③リズムスキルの訓練（拍，アクセント，リズムパターンの正確な識別や表現，子どもたちがリズムパターンを考えたり，よく知っている歌に合わせて，リズム・オスティナート（同じ音型の繰り返しをすること）を手拍子したり，楽器演奏したりすること）
④音楽のテンポの速い遅い，高低等，比較できるようになること（色々な楽器や声の音色について学ぶ）
⑤耳の訓練と音楽的記憶（歌のレパートリーを広げる）
⑥身近な人の声や楽器の音を注意深く聴くこと

■ 1-3　オルフの言葉・動き・音楽による音楽的表現

オルフ（Carl Orff, 1895～1982）は，ドイツの作曲家，教育者，音楽学者であった。

彼は，1924年に音楽・舞踊・体育の学校を舞踊家ギュンターと共に設立した。このことから音楽教育に関しても研究を深め，1948年，バイエルン放送の依頼によって「子どものための音楽」を手がけ，そこでの集大成を『オルフシュールベルク——子どものための音楽（Schulwerk: Musik für Kinder）』全5巻として出版した。オルフは，ダルクローズの音楽教育理論を学び，子どもの音楽的表現が言葉・動き・音楽の結びついたものであることを基礎とする理念と教育方法を確立した。オルフの活動内容は，幼児期から，次のような具体的な音楽経験を通して，即興的な音楽的表現ができる創造的な表現へと導くことが意図されていた。

オルフのシュールベルク第1巻は，導入的な音楽経験として，詩と遊び歌，リズムとメロディの練習，器楽作品の内容となっている。オルフも，2音（ソ－ミ）から始まり，3音（ミ－ソ－ラ），5音（ド－レ－ミ－ソ－ラ）と活動が順次進められる5音音階（ペンタトニック）を用いた。リズムとメロディの練習に関しては，リズム打ち，言葉のリズム，アクセントや抑揚と音楽のリズムとを結びつける練習が挙げられている。それは，手拍子，足拍子等のボディパーカッションによる言葉のリズムを基本としたリズムの練習，ABA形式を感受させる作品が特徴的である。幼児達は，ものの名前や童謡の中にリズムパターンを発見するように導かれ，曲想の感受へと向かう。これらの活動は，模倣から自己表現を通して創造へと向かい，同時に個人から応答唱を通して集団へと向かうものであった。オルフは，5音音階を，即興演奏のための創造的な素材として考えていた。楽器による活動は，歌のリズム打ちをし，歌い，木琴で伴奏するといった行程を辿り，メロディとリズムをとる美しい音色をもつ，シロフォン，メタロフォン，グロッケンといった音板楽器が，オルフ楽器（星野, 1984）として制作された。オルフによる音板楽器は，各音に該当する音板を取り外しできるようになっており，幼児が実際に叩く音だけを残すことで，演奏を簡易にすることができるものであった。

■ 1-4　モンテッソーリ・メソッドによる音楽教育

モンテッソーリは，第5章3-5（☞74頁）の幼児教育思想にみられる音楽的表現において取り上げたように，幼児期の敏感期の感覚教育でよく知られ，整えられた教訓的な教具による経験を通した自発的な学習が強調されている。彼女のメソッドにおける音楽教育への貢献に関しては，音楽教師，マッケローニ（Anna Maria

Maccheroni, 1876～1965）によるところが大きかった。「静粛の練習」による静寂と騒音の区別，「雑音筒」による音の識別，「音感ベル」による音階の理解，①対にする，②段階づける，③類別する，といった感覚教育の動作の基本を応用した読譜（音階の上昇と下降による山形，それらが合わさってできた菱型の図形譜，リズムパターン）などがある。モンテッソーリの考え方によれば，同じリズムのものを対にし，音の高低によって段階づけ，小節を各々ひとまとまりに分類するということであった。

モンテッソーリの音楽教育方法で，幼児期に発展の可能性があるのは，幼児がリズム経験をする「線上歩き」の応用である。これは，ダルクローズの教育方法の影響を受けて考えられたものであり，モンテッソーリと共同研究者であったバーネット（Elise Braun Barnett, 1904～1994）は，幼児のための音楽曲集『モンテッソーリ音楽――3才～8才の子供のためのリズム曲集（*Montessori & Music: Rhythmic Activities for Young Children*, 1973）』を刊行した。その中には，①自然な動き（3～4歳）：行進する，走る，ギャロップする，スキップする，②調整された自然な動き：ゆっくり走る，ゆっくり歩く，ゆっくり行進する，③ステップ・パターン：ワルツ・ポルカ等の動きに合った幼児にわかりやすいリズム曲が挙げられている。同時にそれは，さまざまな国の民謡や偉大な作曲家の作品の抜粋から成っている音楽曲集となっている。日常生活の練習としての「線上歩き」は，本来，正しい姿勢と平衡感覚，身体動作の調整といった目的をもつものであるが，そこに歩きやすいように音楽をつけて，動作を促すことが考えられた。さらに，音楽に合わせてリズム運動を喚起するという効果が想定された。しかしながら，モンテッソーリ・メソッドにおいては，感覚訓練の延長として捉えられていたため，何かを想像して創り出すといったことが幼児に求められていたわけではなかった。

2　幼児の音楽教育方法が目指した音楽的表現

第1節の1-1～1-4まで，今日でも影響力をもち，音楽的表現に関する実践に発展のみられる，幼児期における著名な音楽教育方法について概説してきた。特に，ダルクローズ，コダーイ，オルフについて，その方法の意図するところについてまとめてみる。

まず，ダルクローズについて，楽器演奏等の音楽的表現を行う前に，身体で的確に表現する能力を養うことが必要であり，動きが創造の第1段階であると考えていた。それは，拍子，リズム，曲想，テンポといった音楽の要素を，最初に動きを通して学ぶということであった。次にコダーイは，歌うことを通して，楽譜を見て音をイメージしたり，音を聴いて楽譜をイメージしたりすることや，芸術であり文化遺産としての自国の民謡を知ることが必要であると考えた。そのために，幼児期から正確な音楽的表現のスキルとして，歌うことを重要視した。さらに，オルフは，言葉・動き・音楽の一体化した音楽的表現を重要視し，自己表現する方法を幼児自ら発見する音楽経験が必要であると考えていた。そのために，リズムの感受，歌うこと，楽器による表現といった音楽経験が即興的な表現となることを目指していたと考えられる。

以上のように，教育方法に相違点はみられるが，幼児の音楽的表現を促す音楽教育方法は，幼児期の発達に即しながら，音楽への興味関心や意欲を呼び起こし，音楽を構成する要素の認識に向けて，歌うことと身体的な動きの密接な関係性を生かしたものとなっていたことがわかるだろう。

3　日本のわらべ歌

第１節では，日本の音楽教育に影響を与えてきた海外の幼児期の音楽教育方法について述べてきたが，日本には，古来から，わらべ歌という伝承文化があり，それは歌遊びとして，現代も活動内容として，大きな意味をもち続けている。

わらべ歌の音組織は，主に２音旋律および３音旋律から成っている。たとえば，「○○ちゃん，あーそーぼ（ファ・ソ）」「あーした天気になーあれ（ソ・ラ）」など，日頃何気なく唱えている言葉が意味をもち，慣習として用いられる例も多くみられる。また，かくれんぼの遊びの中で，「もういいかい（ファ・ソ・ラ）」「まーだだよ（ファ・ソ・ラ）」という言葉を唱えるが，これは３音旋律となっている。

こうしたわらべ歌は，少ない音数，簡易なリズム，地域性といった点が特徴的である。『日本わらべ歌全集』では，遊びのはじめに歌うものから鬼ごっこ，縄跳び等の遊びにともなって歌うもの，自然を対象としたもの，言葉遊び歌や子守歌までが採譜され，日本の各都道府県について説明されている（浅野・後藤・平井, 1990）。また，

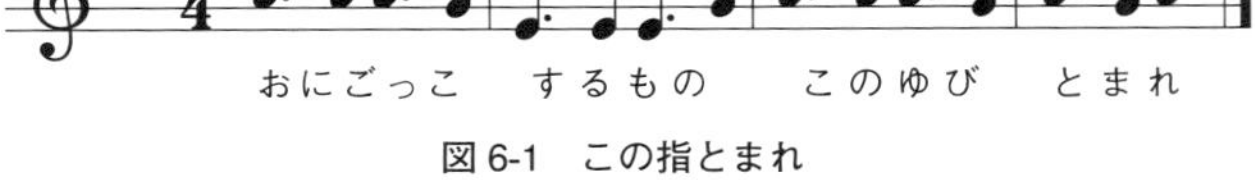

図 6-1　この指とまれ

わらべ歌には，1人から集団で行うものまでさまざまな活動形態をとるものがあり，乳幼児期の身近な人との信頼関係に始まり，幼児同士の関係形成という社会化の過程に沿った活動を行うことができる。

4　日本の幼児の音楽教育方法：歌うこと，聴く，創り出す活動について

明治以前の日本の音楽は，箏曲，三味線音楽，民謡等の伝統音楽がすべてであったが，明治時代以降，西洋音楽が浸透し，西洋の歌やその影響を受けた歌が教育の中で用いられた。

1876年に日本で最初の幼稚園が開園し，第5章にその歴史的経緯については述べたが，幼児の教材として『保育唱歌』（1878年）が作られた。明治中期には，滝廉太郎らによって編集された『幼稚園唱歌集』（1901年）は，子どもの生活に題材を得，口語体の歌詞がつけられた。たとえば，《お正月》や《水あそび》（東くめ作詞，瀧廉太郎作曲）等がある。また，田村虎蔵らによる『幼年唱歌』や『尋常小学唱歌』（1903年）には，《きんたろう》や《はなさかじじい》（石原和三郎作詞，田村虎蔵作曲）《うさぎとかめ》（石原和三郎作詞，納所弁次郎作曲），といった昔話を題材としたものもあった。それから，1910年の『尋常小学読本唱歌』，1914年にかけての『尋常小学唱歌』では，文部省唱歌も掲載された。これらの唱歌は，ドレミソラというヨナ抜き五音音階で作られた旋律，2拍子系の簡易なリズムとメロディを特徴とするものであった。ヨナ抜き五音音階とは，西洋音楽の長音階の4番目ファと7番目シのない音階を指し，《蛍の光》等のスコットランド民謡のヨナ抜き長音階と同じものである。大正時代から昭和初期まで，子ども中心主義の思想が普及し，新しい児童観が生まれ，童謡運動へと展開した。

そして，第2次世界大戦後の昭和時代以降，幼児向けのテレビ番組等の影響を受けて，身体の動きや遊びをともなう幼児の歌が世に多く送り出されてきた。それらは，四季や行事の歌，日常生活の歌，身近な人や物の歌，《南の島のハメハメハ大王》（伊藤アキラ作詞，森田公一作曲），《おばけなんてないさ》（槇みのり作詞，峯陽作曲）等の想像上の人物の歌，《あめふりくまのこ》（鶴見正夫作詞，湯山昭作曲）等の自然の歌，《バスごっこ》（香山美子作詞，湯山昭作曲），《はたらくくるま》（伊藤アキラ作詞，越部信義作曲）等の乗り物の歌，《とんでったバナナ》（片岡輝作詞，桜井順作曲），《アイスクリームのうた》（さとうよしみ作詞，服部公一作曲）等の食べ物の歌等，題材は多岐にわたっている。こうした幼児の歌には，幼児が楽しい，きれいだと感

じることが求められる。具体的には，身体の動きを喚起するような音楽であること，擬音語，擬態語，掛け声の繰り返しといった言葉のリズムがあること，音楽に美しさが感じられること，歌詞の内容が幼児に理解しやすく共感を得られること，といったことである。

さらに，幼児がより歌を歌いやすくする保育者の創意工夫が求められており，パネルシアター，ペープサート，指人形等，視覚的な要素を加えることで，幼児の想像をふくらませて，歌のイメージに近づけるようにすることも大切である。歌に，打楽器等の音を効果音的に用い，身体の動きを考える，歌詞の一部を替え歌にするといった方法も考えられる。幼児は，自分の印象に残った特定のメロディやリズムを覚えやすいため，直接耳で聴いて歌を覚える聴唱法を用い，身体の動きと音楽の曲想の変化とを結びつけることによって歌うことを動機づけることが望ましい。

聴くことには，鑑賞が不可欠であり，情景描写の音楽《口笛吹きと子犬》（プライアー作曲），《森の水車》（アイレンベルク作曲）等，事象のイメージを表現している音楽《動物の謝肉祭：ぞう，かめ，水族館，白鳥等》（サン＝サーンス作曲）が，幼児にわかりやすく，身体の動きで事象のイメージを表そうとする音楽鑑賞の方法も適切である。

幼児が創り出す活動については，日常の遊びに生じるつくり歌，動物の鳴き声や擬音語，擬態語にふしをつけてみる，よく知っている歌を替え歌にするといった様子がみられる。そこで，保育者のリズムの提示を幼児が模倣することから，それを幼児同士の活動にかえていく，音づくりをすることが，音楽的表現の持続展開を促す。保育者が演奏する音楽を聴く幼児達に，その音楽のイメージを話したりしながら繰り返し演奏することも，音楽のイメージをつかむことに効果的である。

また，短い物語の中で，「サンタクロース」は「鈴」，「ねずみ」は「カスタネット」，「ライオン」は「大太鼓」というように，役と音とを対応させて，リズム奏をしながらお話を展開させていく方法も考えられる。

さらに，幼児の音楽劇は，音楽，言葉，動きによる多様な表現が含まれているため，発達的特徴を考慮した総合的な表現として活動の意義がある。

表 6-2～表 6-6 に，「歌うこと」「聴くこと」「奏すること」「動くこと」に関する活動内容や教材例を挙げる。季節や行事の歌は，3 歳児，4 歳児，5 歳児に共通のものが多い。

表 6-2　歌うことに関する教材例

	3歳児	4歳児	5歳児
4月から8月頃	《むすんでひらいて》 《手をたたきましょう》 《チューリップ》《ぶんぶんぶん》 《かえるのうた》 《あくしゅでこんにちは》 《ぞうさん》 《げんこつやまのたぬきさん》 《あたま かた ひざ ぽん》 《こぶたぬきつねこ》 《はをみがきましょう》 《かごめかごめ》《ちょうちょう》 《おつかいありさん》 《水遊び》《アイアイ》	《むすんでひらいて》 《せんせいとおともだち》 《手をたたきましょう》 《チューリップ》 《めだかのがっこう》 《おはながわらった》 《ぶんぶんぶん》《ちょうちょう》 《ぞうさん》《こいのぼり》 《しゃぼんだま》 《あめふりくまのこ》 《すうじのうた》《とけいのうた》 《うみ》《トマト》 《たなばたさま》《キラキラ星》 《おちゃをのみにきてください》 《いとまきのうた》 《バナナのおやこ》	《はるがきた》《山のワルツ》 《ことりのうた》《さんぽ》 《あめふりくまのこ》 《ともだちできちゃった》 《大きな古時計》 《やまびこごっこ》《かたつむり》 《にじ》《おばけなんてないさ》 《とんでったバナナ》 《アイスクリームのうた》 《あずきたったにえたった》 《おじょうさんおはいりなさい》 《あひるのぎょうれつ》 《おかあさん》 《おはなしゆびさん》《うみ》 《みなみのしまのハメハメハだいおう》《てのひらをたいように》
9月から12月頃	《メリーさんの羊》 《とんぼのめがね》《うさぎ》 《ゆうやけこやけ》 《ふしぎなポケット》 《おおきなくりのきのしたで》 《どんぐりころころ》 《なべなべそこぬけ》 《げんこつやまのたぬき》 《まつぼっくり》《ジングルベル》 《お正月》	《うんどうかいのうた》《つき》 《むしのこえ》《まつぼっくり》 《どんぐりころころ》 《おおきなくりのきのしたで》 《いもほりのうた》 《まっかなあき》 《やきいもグーチーパー》 《やまのおんがくか》《たきび》 《コンコンクシャン》 《あわてんぼうのサンタクロース》《ジングルベル》《赤鼻のトナカイ》《お正月》	《ちいさいあきみつけた》 《きのこ》《赤とんぼ》 《七つの子》 《しょうじょうじのたぬきばやし》《うんどうかいのうた》 《おふろジャブジャブ》 《おおきなくりのきのしたで》 《さっちゃん》《もみじ》 《ヘイ！タンブリン》 《あわてんぼうのサンタクロース》《サンタがまちにやってくる》 《もちつき》
1月から3月	《もちつき》《たこのうた》 《やぎさんゆうびん》 《ふしぎなポケット》 《まめまき》 《うれしいひなまつり》 《はるよこい》	《ゆきのぺんきやさん》 《ゆき》《ゆきのこぼうず》 《おにのパンツ》《ドレミのうた》 《ふしぎなポケット》 《うれしいひなまつり》 《おもいでのアルバム》	《カレンダーマーチ》《たきび》 《きたかぜこぞうのかんたろう》 《ゆき》《あかおにとあおおにのタンゴ》《ふしぎなポケット》 《うれしいひなまつり》 《いちねんせいになったら》 《さよならぼくたちのほいくえん(ようちえん)》《ビリーブ》
日常	《おはようのうた》《はじまるよ　はじまるよ》《おべんとう》《ぼくのミックスジュース》《とんとんとんとん　ひげじいさん》《どんないろがすき》《ちいさなせかい》《おかえりのうた》		
その他	《だれにだっておたんじょうび》《おめでとうおたんじょうび》《エビカニクス》《ガンバリマンのうた》《かもつれっしゃ》《パンダ　うさぎ　コアラ》《がけのうえのポニョ》《ドラえもんのうた》《となりのトトロ》《アンパンマンのマーチ》		

表 6-3　聴くことに関する活動内容，教材例

	3歳児	4歳児	5歳児
4月から7月頃	・自由遊びや休憩時等に自然に音楽が聞こえてくる環境 ・身近な生活音に興味をもつようにする。雨の音，風の音等の自然の音，動物の鳴き声等 ・知っている歌を聴く。保育者の歌やピアノ演奏を聴く	・自由遊び，休憩時，食後等に自然に音楽が聞こえてくる環境 ・生活の中の音を発見する ・知っている歌を聴く。保育者の歌やピアノ演奏を聴く	・既知の音楽曲のレパートリーが増す ・生活の中の音発見を積極的に行うことから楽器づくりへ発展する ・音楽を聴く時間を 4 歳児よりも延長する ・保育者や友達の歌や楽器演奏を聴く ・自分の好きな音楽曲を聴く
曲の例	《かっこうワルツ》（ダカーン），《トルコ行進曲》（モーツァルト），《トルコ行進曲》（ベートーヴェン），《ガボット》（ゴセック）	《クシコスポスト》（ヘルマン・ネッケ），《くるみ割り人形》（チャイコフスキー），ディズニー映画『白雪姫』等の中の音楽	《キラキラ星変奏曲》（モーツァルト），《森の水車》（アイレンベルグ），《アヴェマリア》（グノー）
8月から12月頃	・明るいテンポ感のある音楽を聴き，自由に動いたり，静かな音楽でゆっくりすることで，音楽の差異を身体で感じる ・身近な楽器音に興味をもつ	・楽しくわかりやすい音楽を食後等に時間をつくって聴く ・明るいテンポ感のある音楽と静かな音楽を身体の動きで感じる ・日常の動物や機械の音に気づく ・保育者や友達の歌や楽器演奏を聴き合う	・ストーリー性のある音楽曲を喜んで聴き，想像し，絵を描いたり話し合ったりして，イメージを育む ・描写音楽に関心をもって聴く。 ・色々な音楽を聴きながら動きで表現する ・既知の音楽曲から数曲選んで，聴いたり身体を動かしたりする ・保育者や友達の演奏を聴き，声や演奏の違いに気づく
曲の例	《口笛吹きと小犬》（ブライアー），《くるみ割り人形の金平糖のおどり》（チャイコフスキー），ディズニー音楽	《森のかじ屋》（ミカエリス），《トロイメライ》（シューマン），《トルコ行進曲》（モーツァルト），ミュージカル《サウンド・オブ・ミュージック》（リチャード・ロジャース），《くるみ割り人形の金平糖のおどり》（チャイコフスキー）	《熊蜂》（パガニーニ），《剣の舞》（ハチャトリアン），《アヴェマリア》（シューベルト），《おもちゃの交響曲》（レオポルト・モーツァルト），《交響曲 時計》（ハイドン）
1月から3月	・音楽を自分なりのイメージで感受する。イメージを動きで表現しながら聴く	・音楽のもつイメージを感受し，音楽に合わせて動きながら聴く	・音楽のイメージを想像しながら聴く
曲の例	《花のワルツ》（チャイコフスキー），《動物の謝肉祭》（サン＝サーンス）	《美しく青きドナウ》（ヨハン・シュトラウス），《天国と地獄》（オッフェンバック），《動物の謝肉祭》（サン＝サーンス）	《月の光》（ドビュッシー），《金魚》（ドビュッシー），《威風堂々》（エルガー），《白鳥の湖》（チャイコフスキー），《動物の謝肉祭》（サン＝サーンス）

表 6-4　奏することに関する活動内容，教材例

	3歳児	4歳児	5歳児
4月から7月頃	・既知の歌に合わせて手拍子する ・スズやカスタネットを自由に打って楽器に親しむ ・色々な楽器に触れて音の違いを知る	・既知の歌に合わせて，リズム遊びをする ・簡単な分担奏をする ・スズ，カスタネット，タンブリンを正しく持ち，リズム奏をする	・簡単な合奏をし，自分の役割を知る ・既知の歌のリズム打ち，拍子うちをする ・楽器の音色を知り，音楽に合った楽器を持つ ・色々なリズムパターンを打ち，リズム奏をする
曲の例	《手をたたきましょう》《ぞうさん》《チューリップ》《とけいのうた》《ぶんぶんぶん》《たなばたさま》《ドレミのうた》《メリーさんの羊》《キラキラ星》	《こいのぼり》《とけいのうた》《メリーさんの羊》《ドレミのうた》《おつかいありさん》《たなばたさま》《キラキラ星》《あひるのぎょうれつ》《かっこう》	《ふしぎなポケット》《ドレミのうた》《メリーさんの羊》《とけいのうた》《キラキラ星》《たなばたさま》
8月から12月頃	・保育者の演奏に合わせて色々な楽器を奏し，その楽しさがわかる ・自由に奏したり，交互に奏したりして楽しむ ・音の長さを聴き分けて奏する	・大太鼓を打つことを経験し，強拍うちや後打ちをする ・音楽曲のテンポや強弱を聴き分けて楽器を奏する ・カスタネット，スズ，タンブリンと大太鼓で分担奏をする ・交替して色々な楽器を奏する	・合奏を通して，２拍子，３拍子，４拍子を体得する ・メロディ楽器を奏する ・創作楽器をつくって合奏する
曲の例	《こぎつね》《とんぼのめがね》《かっこう》《まつぼっくり》《どんぐりころころ》《お正月》《大きな古時計》	《大きなたいこ》《山の音楽家》《たきび》《ジングルベル》《大きな古時計》《お正月》《おもちゃのチャチャチャ》《線路はつづくよどこまでも》	《ヘイ！タンブリン》《たきび》《森のくまさん》《みつばちマーチ》《ジングルベル》《大きな古時計》
1月から3月	・拍子，リズム，音の強弱等の特徴に興味をもち，音楽に合わせて，リズム楽器を自発的に奏し，他の楽器と合わせる ・別表に挙げた歌唱教材を，奏することに用いる	・太鼓，リズム楽器を中心とした合奏をよく親しんでいる歌でする ・歌に出てくる特徴的なリズムパターンを捉えて奏する ・別表に挙げた歌唱教材を，奏することに用いる	・リズム楽器と合わせてメロディ楽器を奏し，歌や音楽曲の曲想を感受しながら，奏する ・音楽鑑賞の経験がある音楽曲の合奏をする ・別表に挙げた歌唱教材を，奏することに用いる
曲の例	《おおきなたいこ》《おもちゃのチャチャチャ》《線路はつづくよどこまでも》	《ライオンの大行進》《小さな世界》《ハッピーチルドレン》《よろこびのうた》《春 ヴィヴァルディ「四季」より》	《ガボット》《トルコ行進曲》《ハンガリア舞曲第５番》《思い出のアルバム》《勇気 100%》《ミッキーマウスマーチ》《さんぽ》

表 6-5　動くことに関する活動内容，教材例

	3歳児	4歳児	5歳児
4月から7月頃	・音楽を聴いて簡単な動きをする ・音楽を聴いて歩いたり走ったりする	・リズムに合わせて，歩いたり，走ったり，跳んだりする ・音楽に合わせて，友達と一緒に歩いたり，走ったり，跳んだりする ・音楽に合わせて，自由に動く	・音楽に合わせて，楽しく自由に動く ・色々な拍子に合わせて，具体的な動きの表現をする
8月から12月頃	・音楽を聴いて跳び，遊ぶ ・音楽を聴いて，動物等の身近なものの象徴的な動きをする	・2人組で歩いたり走ったり，跳んだりする ・歌に合わせて動きをつける	・リズムの変化に合わせて歩いたり走ったり，跳んだりする ・4人から8人くらいを単位とするダンスを踊る
1月から3月頃	・音楽のイメージや曲想の感受した部分について動きに表す ・歌を歌いながら，または音楽を聴きながら，拍や感受したリズムを身体音や動き等で表現する	・音の強弱や高低，リズム等，具体的な音楽の構成要素を感受しながら，その音楽に合わせた動きをし，それらを複数の幼児達と共有する	・より自発性や集中力が持続するようになり，音楽の曲想をつかみながら，リズムパターンを身体音や動きで表現し，集団で共有したり，やりとりしたりして，音楽の規則性を認識しながら動く

表 6-6　歌うこと・奏することの月別教材

	3歳児	4歳児	5歳児
4月	《ちょうちょう》 《むすんでひらいて》 《手をたたきましょう》 《ぞうさん》 《チューリップ》 《ぶんぶんぶん》 《ひらいたひらいた》 《かごめかごめ》	《せんせいとおともだち》 《おはながわらった》 《ふしぎなポケット》 《メリーさんの羊》 《キラキラ星》 《犬のおまわりさん》 《ハッピバースデイトューユー》	《山のワルツ》 《おはなしゆびさん》 《はたけのポルカ》 《あぶくたったにえたった》
5月	《いとまきのうた》 《あひるのぎょうれつ》 《こいのぼり》 《かえるのうた》	《あひるのぎょうれつ》 《ことりのうた》 《こいのぼり》 《おかあさん》	《おかあさん》 《ふしぎなポケット》 《メリーさんの羊》
6月	《とけいのうた》 《メリーさんの羊》 《あくしゅでこんにちは》 《かたつむり》	《雨ふりくまの子》 《とけいのうた》 《歯をみがきましょう》 《おつかいありさん》	《とけいのうた》 《歯をみがきましょう》 《大きな古時計》 《とんでったバナナ》
7月	《キラキラ星》 《うみ》《水あそび》 《たなばたさま》	《シャボンだま》《うみ》 《水あそび》《たなばたさま》 《キラキラ星》 《おはなしゆびさん》 《かっこう》《トマト》	《キラキラ星》 《おばけなんてないさ》 《たなばたさま》 《ツッピンとびうお》 《アイスクリームのうた》

表 6-6　歌うこと・奏することの月別教材（続き）

	3 歳児	4 歳児	5 歳児
9月	《メリーさんの羊》 《とんぼのめがね》 《こぎつね》 《かわいいかくれんぼ》 《かっこう》《とおりゃんせ》	《うんどうかいのうた》 《おおきなたいこ》 《すうじのうた》	《ちいさいあきみつけた》
10月	《ゆうやけこやけ》 《どんぐりころころ》 《なべなべそこぬけ》	《やきいもグーチーパー》 《バスごっこ》 《おいもごろごろ》	《やきいもグーチーパー》 《おいもごろごろ》 《おふろじゃぶじゃぶ》 《動物園へいこう》《赤とんぼ》 《おなかのへるうた》 《森のくまさん》
11月	《まつぼっくり》 《げんこつやまのたぬき》	《山の音楽家》 《おちゃをのみにきてください》 《あぶくたった》 《まっかなあき》	《さっちゃん》 《ヘイ！タンブリン》 《七つの子》 《まっかなあき》
12月	《ふしぎなポケット》 《ジングルベル》 《サンタクロース》 《お正月》	《たきび》 《コンコンクシャン》 《あわてんぼうのサンタクロース》 《ジングルベル》 《きよしこのよる》 《お正月》	《たきび》 《あわてんぼうのサンタクロース》 《みつばちマーチ》 《ジングルベル》 《きよしこのよる》 《お正月》
1月	《ゆき》 《おてらのおしょうさん》	《やぎさんゆうびん》 《七つの子》 《雪のペンキやさん》 《しまうまのうた》	《月火水木金土日のうた》
2月	《まめまき》 《ずいずいずっころばし》	《おもちゃのチャチャチャ》 《まめまき》 《十人のインディアン》 《あんたがたどこさ》	《北風小僧の寒太郎》 《サっちゃん》
3月	《うれしいひなまつり》 《春よこい》 《あひるのスリッパ》 《大きなたいこ》	《うれしいひなまつり》 《気のいいあひる》 《ぼうが 1 本あったとさ》 《インディアンがとおる》	《うれしいひなまつり》 《おもいでのアルバム》 《1 年生になったら》

5　総合的な表現としての音楽的表現

第５章５節の乳幼児の音楽的表現の発達，および第６章１節の幼児の音楽的表現を促す音楽教育方法に学んだことに基づいて，幼児期の音楽的表現の内容と方法について概説する。

■ 5-1　幼児期の音楽的表現の内容と方法について

幼児の表現は，何かになりきって，その何かのイメージを表現していることが多い。そうした発達的特徴を生かして，その「ふり」の思考を促す簡単な題材には，どのようなものがあるだろうか。たとえば，最も身近な「家族」，日常生活に身近な動物園やテレビの映像で見たライオン，象，ゴリラ等の「動物」，運転手，警察官，消防士等の「働く人」，電車，バス，自転車，飛行機等の乗り物，ブランコ，メリーゴーランド，ジェットコースター等の「遊具」，時計，洗濯機，掃除機，ロボット等の「機械類」，四季にともなう遠足，水あそび，花火，山のぼり，いもほり，運動会等の「行事」，お姫様，おおかみ，ブレーメンの音楽隊，小人，桃太郎等の「物語の登場人物」等が挙げられる。

この場合，対象児の年齢や発達状況に合わせた題材を幼児が選択し，幼児が登場人物になりきってふりをしやすいような演じる対象に向かうことが望ましい。

(1) 幼児の音楽的表現：ドラマティック・プレイからクリエイティブ・ドラマへ

幼児は，最初，日常生活の中で自分がかかわっている身近な対象のふりをしやすいが，次第に物語の登場人物のように虚構の対象のふりをすることによって，自分でストーリーを創り出したり，既成のストーリーや役割を変えていったりするようになる。このような活動の過程においては，ストーリーや役割は瞬間的に変化していくものであり，幼児は，模倣や同一視によるドラマティック・プレイ（役割演技遊び，劇化，劇遊び＝dramatic play）の段階にある。やがて，幼児同士で次第にイメージの共有ができるようになり，役割やストーリーは安定し固定化してくる。そのような状態を，クリエイティブ・ドラマ（創作劇＝Creative Drama）と呼ぶ。このドラマティック・プレイをさまざまに展開できるのは，幼児期に創造的想像力の発達が著しいからである。

たとえば，幼児が，「あひる」という動物の表現遊びをする。その場合，「あひる」がよちよち歩く特徴的な動きをイメージして，膝を曲げ，お尻を振ってよちよち歩くふりをしてみる。その様子を，「ガアガア」「ヨチヨチ」等の擬音語や擬態語で言ってみる。そうすると，言葉のリズムが生じ，《あひるのぎょうれつ》に合わせて動きながら歌う。そこに，『みにくいあひるの子』のストーリーの一部を加えていくのである。

また，夏の花火のイメージを，「シュッ」「ドーン」などの擬音語で表すと同時に花火のふりで手や腕でその様子を著し，花火が段々大きくなっていく様子について，テンポ感を音声や動きで表現し，そこにトライアングルやスズ，大ダイコ等で自発的に効果音を入れていくのである。

ある5歳児の事例では，絵本のストーリーを劇化しているとき，秋の紅葉の様子を表すために，幼児達は，「赤い葉」「黄色い葉」という登場人物を創り出す様子が観察された。それは，絵本のストーリーの場面にはなかった登場人物である。幼児4人で手をつないで輪になり，音楽に合わせてぐるぐる回ってその回転を速くしていき，つないだ手を放してばらばらに動いていき，葉が散っていく様子を表した。そうした表現は，保育者の「秋になると，葉っぱはどんな色になるかな？」等という問いかけや，幼児達の表現の背景にイメージしやすい音楽を奏するといった保育者の援助があって生じたものである。

(2) 幼児の音楽的表現：ドラマティック・プレイとクリエイティブ・ドラマとの相違点

幼児の場合，音楽や歌を中心とした劇の活動が多くみられるが，そこに完成作品や達成感を求めるとクリエイティブ・ドラマ（創作劇）となる。前述のドラマティック・プレイとクリエイティブ・ドラマの相違点を，表6-7のように要約できる。

表6-7　ドラマティック・プレイとクリエイティブ・ドラマ（佐野，2001）

ドラマティック・プレイ	クリエイティブ・ドラマ
①幼児の自発性や想像性に依拠する ②テーマやストーリーが曖昧で変わりやすい ③始めや終わりがなく，劇としての意味をもたず，完成作品は目的でない ④動きや言葉，音楽等を包括する創造的な即興表現である ⑤集団への協力度や所属感は変化しやすい ⑥小道具は最小限である ⑦観察者にわかりにくい ⑧幼児の表象能力の発達のレベルを表す	①ドラマティック・プレイよりも表現が洗練され，テーマやストーリーに従属的である ②ストーリーや役割演技等が明確で一貫性をもつ ③役割演技に対する個人のかかわりは，同じテーマで演じる幼児達に協調的である ④完成作品に達成感を得る

ドラマティック・プレイが幼児の自発性や想像性の表出によるのに対して，クリエイティブ・ドラマは，テーマやストーリー，役割演技に規定されていくために，各幼児の自発性や想像性は抑制されるようになっていく。また，クリエイティブ・ドラマには，保育者・教育者の介入があることも挙げられる。

■ 5-2　ドラマ教育論に学ぶクリエイティブ・ドラマ

クリエイティブ・ドラマの活動は，主にドラマ教育論に学ぶことができる。日本では，坪内逍遥の児童劇論に始まり，大正期に小原國芳（1867～1977）が教科教育に関する『学校劇論』（1923年）を提唱した。現代の岡田陽は，表現教育の一環としての「ドラマ教育」の考え方を導入し，子どもの表現活動を芸術教育における表現へと導くことの重要性を説いてきた。

この「ドラマ教育論」は，子どもに演劇教育をするのではなく，子どもが演じる活動自体に目的があると考えるものである。中でも，イギリスの1950年代以降の「ドラマ教育論」において，前述のドラマティック・プレイとクリエイティブ・ドラマとの関係について，述べられるようになってきた。それは，スレイド（Peter Slade, 1954）によるチャイルド・ドラマに始まり，ボルトン（Gavin Bolton, 1984）による劇化指導法や，コートニー（Richard Courtney, 1974）による芸術教育への方向づけに顕著に示されている。

■ 5-3　クリエイティブ・ドラマの音楽療法への応用について

幼児は，「遊び」において，自分の経験を再演するばかりでなく，自らの願望を表したりして，心理的解決を図っているものである。たとえば，ピアジェの示した幼児の遊びの事例に，次のようなものがある。ある幼児は，これまで一人っ子で，母親の世話を一身に受けていたが，自分の下にきょうだいが生まれて，母親がその赤ん坊の世話で大変になり，自分にあまり注意を向けられなくなったと感じた。するとその幼児は，一見，普通の人形遊びをしているようでも，母親に見立てた人形と自分を一緒にし，生まれたきょうだいに見立てた人形を遠くに押しやった。つまり，外側からみえる遊びのテーマは，「自分・きょうだい・母親の人形遊び」というふりの文脈によるものであっても，幼児の内面的なテーマや意味による行動は，幼児自身の心理的葛藤を解決することなのである。

このような遊びは，発達初期のドラマティック・プレイであるが，ドラマティック・プレイの教育的意義に着目した前述のスレイド，ボルトン，コートニーは，発達上の「遊び」と「ドラマ」には関係があり，心理学者のモレノ（Jacob Levy Moreno, 1889～1974）が始めたサイコドラマ（演技によって問題場面への対処方法を学ぶ即興的な心理劇）の考えに学ぶべきところがあると考えた（Schattner & Courtney, 1981）。中でも，スレイドは，ドラマ教育の研究者の中では，ドラマ療法について語った最初の人物であるとされる。そして，ボルトンやコートニーにも，ドラマ療法の専門家との共著がある。

ドラマ療法では，動き，パントマイム，会話の創作，ドラマティック・プレイ，ストーリーテリング，ストーリーの劇化，パペットとマスク（仮面），即興表現等が用いられる。子どもは，同じストーリーを繰り返し演じる。この表現を音楽が助けることが望ましいとされている。ドラマ療法は未解決の問題の再演，解釈，理解，受容という過程を通した治療を目的としている。それらの著書において，音楽に合わせた動きから感情による表現までの教材となっているのは，サン＝サーンスの《動物の謝肉祭》，ヨハン・シュトラウスの《美しく青きドナウ》等であった。子どもは，音楽に合わせてストーリーを創り出し演じるのであり，5か月間で著しい進歩があったことが認められている。

また，音楽療法でも，上記に近い部分はあり，2～3歳の自閉症児が音楽を聴くと，身体反応をし，拍子に対してだけでなく，行進曲，ワルツ，メロディの繰り返しに反応したという事例がある。「優雅な感じ」「軽快な」といった音楽の雰囲気に作用されるのである。音楽療法家は，モーツァルトの音楽曲，ドビュッシー，バッハ，ショパン等の音楽曲の組み合わせを何回かのセッションに分けて，提示する。そうすると，対象児は，笑う，リズムをとる，スキップするといった行動によって，音楽を感受したことを表そうとしたのである。

このように，音楽療法は，精神衛生を保持し高揚させるものから，深刻な障がいを緩和していこうとするものまでさまざまで，子どもの福祉を考えた場合，音楽に合わせた動き等の内容を含むダルクローズのリトミックやモンテッソーリ・メソッドにも，音楽療法の要素があるといえる。そして，用いられる音楽は，クラッシックが多く，療法におけるドラマティック・プレイやクリエイティブ・ドラマは，ドラマ教育に学ぶものとの共通点が，総合的な表現において見出されるのである。

6　幼児期の音楽経験の活動計画と実践例について

ここでは，第5節までの概説をふまえて，「幼稚園教育要領」「保育所保育指針」

「教育・保育要領」に共通する，３歳児，４歳児，５歳児に望ましい音楽経験を考え，１年間の活動計画について述べる。

■ 6-1　音楽経験の活動計画例

ふりや劇化の動きと音楽の一体化した音楽的表現が生じやすいという幼児期の発達的特徴を生かした，１年間の活動計画と活動内容を表 6-8 に例示する。

この活動案は，第１段階「はじめの活動」，第２段階「初めの活動からパントマイムへ」，第３段階「即興表現からストーリー創造・劇化へ」，第４段階「ストーリー

表 6-8　１年間の活動計画例（佐野，2010）

時　期	活動段階	活動項目	テーマ	活動の目的
4月	1. はじめの活動	(1) 名前ゲーム	言葉のリズム	イメージの確立と音楽の構成要素の感受
		(2) フィンガープレイ	言葉のリズム・動作・音声	聴覚刺激による視覚的イメージの喚起
5月		(3) 音への気づき	音・生活音・イメージ	
6月	2. はじめの活動からパントマイムへ	(1) 職業や日常生活のテーマによる活動	言葉，歌，動きによる職業や生活のイメージ	日常生活の中での人のイメージの確立
7月		(2) 集中活動のゲーム	記憶保持，イメージ	リズムの経験
9月	3. 即興表現からストーリー創造・劇化へ	(1) 音楽の模倣や繰り返し	歌やリズムパターンの繰り返し	音楽の構成要素の体験
10月		(2) リズムの対話活動	リズムパターンの創造	
		(3) 音なしのコミュニケーション	動きとリズム	
		①パントマイム	人や生活の動き	
11月		②音楽を用いたクリエイティブ・ムーブメント	音楽のイメージの動きによる表現	イメージの深まり，ストーリー化への導入段階
		(4) 歌う活動	リズム，音，動き 音数を減らして，言葉のイメージを簡略化 応答唱	音楽の構成要素の認識 ストーリー創造への導入段階，音楽と劇化との関係の認識
		(5) ストーリー創造	メロディ，歌詞をストーリー創造につなげる	劇化への導入段階
12月		(6) 断片的な役割演技	童謡，童話を用いたストーリー創造と役割演技	
1月	4. ストーリーの劇化	(1) 場面ごとの役割演技	ストーリー理解	第３段階の活動までの経験の統合
		(2) 大人対子どもから子ども同士へ	役割理解の深化	
		(3) 役割の逆転	登場人物の感情理解	
2月		(4) ドラマティック・プレイの連続	音楽経験としての役割演技	
3月		(5) クリエイティブ・ドラマの完成	ストーリー展開，役割の共有，作品としての表現	

の劇化」から成っている。ここでは，活動例の一部分を紹介する。

第１段階は，年度の初期（4月，5月）であり，幼児が環境に適応しようとしている時期であり，生活音への気づきに始まり，身近な事象のイメージを確立することが，活動の目的である。また，身近な歌の歌詞に出てくる擬音語，擬態語等，特定の言葉のリズムに反応して身体音やリズム楽器の音を出すことも，音のイメージと視覚的イメージの一致を図ることになる。

「(1) 名前ゲーム」では，幼児達は輪になって《犬のおまわりさん》(佐藤義美作詞，大中恩作曲）を歌いながら歩く。保育者のピアノ伴奏がとまると同時に幼児達も立ち止まり，ちょうど決まった位置に立ち止った幼児は，自己紹介をする。また，歌の続きが奏されると，幼児達は歌いながら歩いて回ることを続け，次に保育者のピアノ伴奏が止まると，その時にちょうど決まった位置に立ち止った幼児が自己紹介をする。これを繰り返す。幼児が順番に名前を言いながら手拍子する。

《犬のおまわりさん》に合わせてスズやタンブリンでまず４拍子をたたき，次に４拍たたいて４拍休む。《あなたのおなまえは》（インドネシア民謡）の歌を用いて，順番に幼児が自己紹介する等の活動が挙げられる。

「(2) フィンガープレイ」では，手遊び歌の活動，《おはようのうた》（秋田克英作詞作曲）の歌と動作をし，手拍子，足踏み，大きな声，小さな声，ジャンプの動きをする。《きらきら星変奏曲》の変奏ⅠⅡに合わせて，手拍子，動きによる星がキラキラする様子の表現，メロディの高音部分で手拍子，低音部分で足踏みする等の活動が挙げられる。

「(3) 音への気づき」では，動物の鳴き声や気象（雨，風等），生活音の音当てゲームをする。《犬のおまわりさん》の擬音語「ワンワンワワーン」「ニャンニャンニャニャーン」，《とけいのうた》（筒井敬介作詞，村上太郎作曲）の擬音語「コチコチカッチン」の歌詞の部分で，手拍子，ドライアングルやスズでの言葉のリズムによるリズム打ちをする等の活動が挙げられる。

第２段階は，日常生活の中での人や事象のイメージの確立を図ることが，活動の目的である。

「(1) 職業や日常生活のテーマによる活動」では，輪になった幼児達が《ふしぎなポケット》（まどみちお作詞，渡辺茂作曲）を歌いながら2/4拍子の手拍子をする。「ビスケット」からお菓子，お菓子からお菓子屋さんを連想し，2/4拍子を手拍子しながら，そのリズムに合わせて思いつくお菓子の名前を１人ずつ言っていく。《パンやさんでおかいもの》（佐倉智子作詞，おざわたつゆき作曲）の手遊び歌をし，役割

図 6-2　ボールを動かすふりの動作をする幼児達

演技の交替をする等の活動が挙げられる。

「(2) 集中活動のゲーム」では，《どんないろがすき》を歌いながら，幼児達は輪になる。音楽のリズムに合わせて，ボールを動かすふりの動作をする。音楽曲が区切ってピアノで弾かれ，それに合わせて順に隣の幼児にボールを手渡していき，音楽が止まって合図があったら，その時ボールを持っている幼児は，好きな色を言う。皆でその色を覚えておき，再度音楽に合わせてボールを手渡しし，次に音楽が止まってボールを持った幼児が，覚えていた色と自分の好きな色を言う。これを繰り返していくゲームをする。幼児が向き合った２グループに分かれ，音楽に合わせて綱引きをするふりの動きをする等の活動が挙げられる。

第３段階では，音楽の構成要素の認識が，活動の目的である。

「(1) 音楽の模倣や繰り返し」では，保育者の行うリズムパターンを復唱する。たとえば《とんぼめがね》（額賀誠志作詞，平井康三郎作曲）を歌いながら，♩♫♩♫のリズムパターンを繰り返す。《しょうじょうじのたぬきばやし》（野口雨情作詞，中山晋平作曲）を歌いながら，𝄾♪𝄾♪𝄾♪♪𝄾のリズムパターン，♪♪♪𝄾のリズムパターンを手拍子する。

「(2) リズムの対話活動」では，《おいもごろごろ》（茂木好子作詞，斉藤やよい作

図 6-3　とんぼのめがね

図 6-4　しょうじょうじのたぬきばやし

曲）を歌いながら，ABA 形式の A 部分だけ，♩𝄽♩𝄽♫♪𝄾♫♪𝄾のリズムパターンで手拍子する。

次に，2 グループの幼児同士で，①②の異なるリズムパターンを手拍子で合わせる。

さらに，これらのリズムパターンを交替で合わせる等の活動や，短いリズムパターンのカノンを，♩♩♫♩♫♫♩𝄽のような例で，2 グループが手拍子をする等の活動が挙げられる。

「(3) 音なしのコミュニケーション」には，「①パントマイム」で，歌の歌詞に登場する，たとえば《とんぼのめがね》のとんぼの動きをしてみる等の活動が挙げられる。さらに，「②音楽を用いたクリエイティブ・ムーブメント」で，サン＝サーンス作曲の《動物の謝肉祭》より，《象》で象の歩み，《水族館》で魚の泳ぐ動き，《白鳥》で白鳥の優雅な動きを，音楽に合わせて表現する。また，《ライオンの大行進》（《序奏と獅子王の行進》主題部分の抜粋の田中常雄編著）でライオンの歩き方を身体音で表し，♩𝄽𝄽𝄽と𝄽♫♩♩の異なるリズムパターンを，2 グループで手拍子，リズム楽器で合わせてみたりする活動がある。

「(4) 歌う活動」「(5) ストーリーの創造」では，たとえば，前述《ライオンの大行進》でライオンの動きを表現してから，ライオンと幼児の歌によるやりとり（応答唱）によって，ストーリーを創り出していく活動が挙げられる。それには，ド－ミ－ソの 3 音だけを用い，「ライオンさん① なにしてるの②」「ごはん① たべてるの② 」（図 6-5 譜例①②参照）といった応答唱を続けていくことによって，ストーリーの創造を進めるといったことが含まれる。

「(6) 断片的な役割演技」では，断片的な一場面だけのストーリー創造と役割演技によって，音楽と劇化との統合過程を創り出すドラマティック・プレイの活動が挙げられる。たとえば，《動物園へ行こう》を歌い，動物園から家に帰って幼児達が眠っているところへ，ほうきに跨った魔法使いがやってくるといったストーリーを創造する。魔法使い役の幼児達が「トントントン③」と歌いながら戸を叩き，「夜だ④，起きよう⑤」と歌いかけ，子ども役の幼児達は「どこへ④，行くの⑤」と問いかけ，魔法使い役は「わたしと④，行こう⑤」「まほうの④，くにへ⑤」と歌で応える（図

①

②

図 6-5　譜例①②

図 6-6　譜例③④⑤

図 6-7　音楽に合わせて子ども役と魔法使い役を演じる幼児達

6-6 譜例③④⑤参照）。そして，魔法使い役と子ども役の幼児達は，輪になって音楽に合わせてぐるぐる走り回ることで，夜空を飛んで行くといった持続性が暗示されるストーリ創造をする。その際，保育者は，応答唱による役割演技だけでなく，登場人物や場面に合った音楽を演奏して，幼児の音楽的表現を援助する。

第４段階では，第３段階の断片的な役割演技に始まり，それらを繰り返したり，ストーリー創造を続けて，音楽と劇化の統合を図り，クリエイティブ・ドラマを完成していく活動をするのである。

■ 6-2　活動内容の実践に向けて

上記は，多様な音楽的表現の幼児期における望ましい音楽経験を目指した活動実践の例である。同じ活動計画も，実際の幼児を目の前にすると，さまざまな活動内容に展開される。実践者である保育者の信条や園の方針，幼児を取り巻く環境によっても，その実態に合った活動内容となっていく。

いずれにしても，乳幼児期の遊びの発達的特徴とその実態に即して，劇化を生かした音楽経験を通して，豊かな音楽的表現を育てていくという，長期的な視点が必要とされる。そのためには，活動内容を断片的にのみ行うのではなく，毎日の保育実践の中で少しずつ音楽経験として積み重ねていき，保育者には，幼児とのやりとりの中から，さらに活動内容の展開を考える創意工夫が期待される（佐野，2010）。

参考文献

浅野建二・後藤捷一・平井康三郎［監修］(1979–92).『日本わらべ歌全集』全 39 冊，柳原出版

今村方子 (2009).「小林宗作「綜合リズム教育」に「子どもから」の教育をみる」『子ども未来学研究』*4*, 33–41.

岡田　陽 (1994).『子どもの表現活動』玉川大学出版部

大場牧夫 (1996).『表現原論――幼児の「あらわし」と領域「表現」フィールドノートからの試論』萌文書林

菊池由美子 (1993).「モンテッソーリのリズム運動について――E. B. バーネットのリズム曲集を中心に」『盛岡大学短期大学部紀要』*3*, 53–60.

佐野美奈 (2001).「ドラマティック・プレイからクリエイティブ・ドラマへの移行過程における教師介入の役割――具体的事例の検討を通して」『教育方法学研究』*26*, 86–95.

佐野美奈 (2010).「音楽経験促進プログラムの 2 年目の実践過程における保育者の創意工夫――4，5 歳児のストーリーの劇化へのかかわりを中心に」『教育方法学研究』*35*, 25–34.

全日本リトミック音楽教育研究会［編］(2011).『ダルクローズ・システムによるリトミック指導（1）3 才児用』全音楽譜出版社

東京芸術大学音楽取調掛研究班 (1976).『音楽教育成立の軌跡――音楽取調掛資料研究』音楽之友社

中山寛子 (2013).「リトミックに関する研究 I ――天野式リトミック指導者養成講座内容をふまえて」『東北女子大学・東北女子短期大学紀要』*52*, 134–140.

星野圭朗 (1984).『オルフ・シュールベルク理論とその実際――日本語を出発点として』全音楽譜出版社

室町さやか (2013).「幼児教育におけるわらべうたの意義と指導法――コダーイ・メソッドに鑑みて」『千葉経済大学短期大学部研究紀要』*9*, 45–54.

Barnett, E. B. (1973). *Montessori & Music: Rhythmic Activities for Young Children*, New York: Schocken Books.（＝バーネット，E. B.／ボーン，F.・桑村清子［訳］(1984).『モンテッソーリ音楽――3 才～ 8 才の子供のためのリズム曲集』エンデルレ書店）

Bolton, G. (1984). *Drama as Education: An Argument for Placing Drama at the Centre of the Curriculum*, UK: Longman.

Courtney, R. (1974). *Play, Drama & Thought: The Intellectual Background to Drama in Education*, London: Cassell & Collier MacMillian Publishers.

McDonald, D., & Simons, G. (1989). *Musical Growth and Development: Birth through Six*, New York: Schirmer books.

Piaget, J. (1962). *Play, Dreams, and Imitation in Childhood* (C. Gattegno, & F. M. Hodgson, Trans.). London: Routledge & Kegan Paul Ltd. (Original work publishied 1945)

Schattner, G., & Courtney, R. (1981). *Drama in Therapy*, Vol.1, New York: Drama Book Specialists Publishers.

Slade, P. (1954). *Child Drama,* London: University of London.

第7章
乳幼児期の造形表現

第７章では　造形表現の側面から，その発達とねらいが保育の実践現場でどのように生かされているか，どのような表現活動が望ましいのかということについて，実践場面の活動例を挙げて述べていく。

1　領域「表現」における造形表現の目的

2017年３月「幼稚園教育要領」「保育所保育指針」「幼保連携型認定子ども園教育・保育要領」が改訂，告示され，2018年４月より施行された。

表7-1のように，「幼稚園教育要領」の「表現」の目標は，「感じたことや考えたことを自分なりに表現することを通して，豊かな感性や表現する力を養い創造性を豊かにする」とされている。

ねらいとして，３つを挙げているが，感性と表現の育成という観点から５領域の中に「表現」として設けられたのである。のびのびと表現することに重きが置かれている。

保育とは，子どもと相互的にかかわり営まれる創造的な生活である。子どもは，生活や遊びの中で日常的に表現活動を行っている。表現をすることは，無意識のう

表7-1　「幼稚園教育要領」における「表現」

表　現
感じたことや考えたことを自分なりに表現することを通して，豊かな感性や表現する力を養い，創造性を豊かにする。
1　ねらい
(1) いろいろなものの美しさなどに対する豊かな感性をもつ。 (2) 感じたことや考えたことを自分なりに表現して楽しむ。 (3) 生活の中でイメージを豊かにし，様々な表現を楽しむ。

ちに行われている。自己表現は豊かな感性を養い，心身共に成長することである。生活のすべてが表現の場なのである。保育現場では，「子どもの育ち」という視点から「表現」を捉え実践していくことが求められている。子どもの成長発達と表現活動はかかわりをもっているのである。

子どもは，生活や遊びの中でさまざまなものと出会い，「見る・聞く・臭う・触れる・味わう」の五感を通して色や形を感じとり，日常生活を過ごしている。日々の生活でさまざまな物と出会い「感じとる」ことは，子どもの発達過程においてとても重要であり，一人ひとりのこれからの「創造力」「感受性」を豊かに育むことにつ

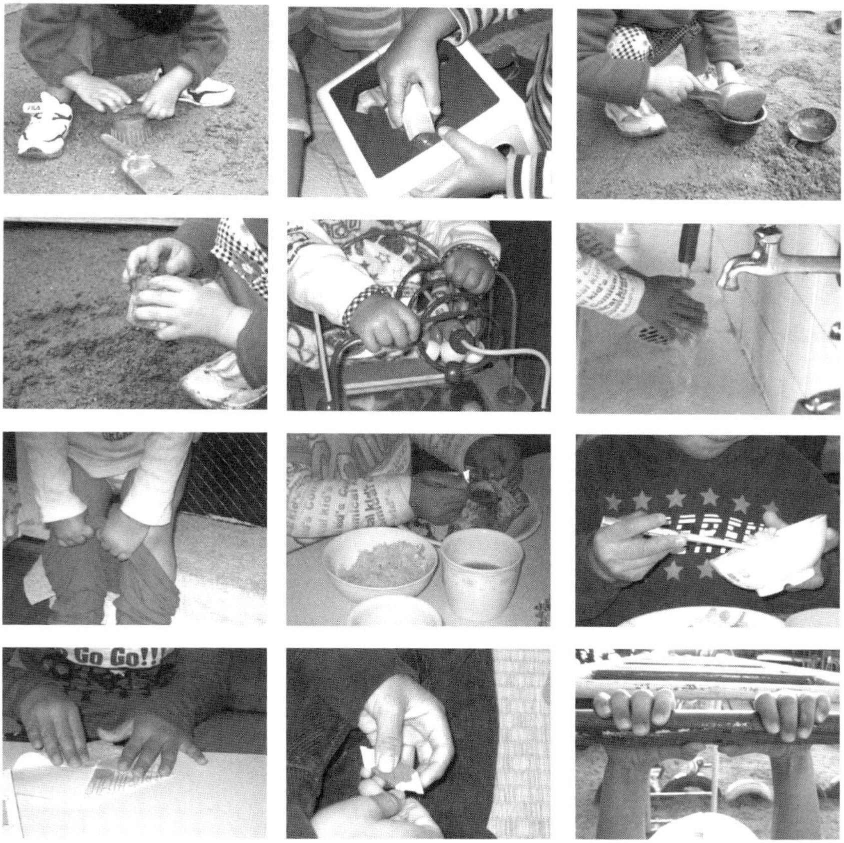

図7-1　小さな手が心豊かな表現を生み出す

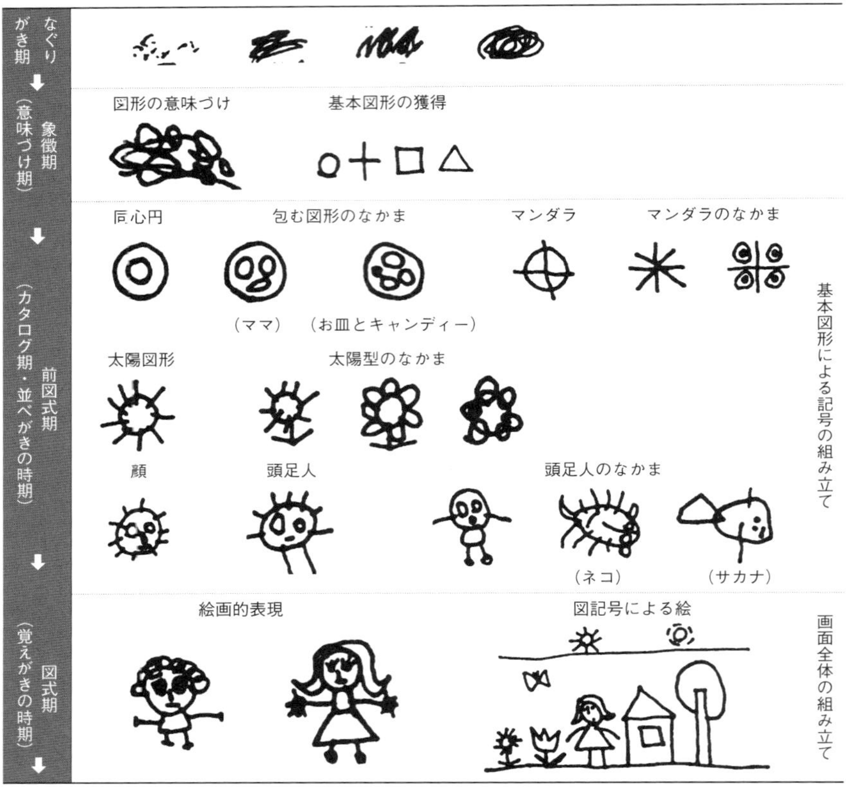

図 7-2　絵画表現の発達（松本（2018）を基に作成）

ながる。そして感じとったことを「描く・つくる」という造形を通して表現することで創造性や感性は，さらに深まり，自分をコントロールする力やコミュニケーション能力，人間らしい心などを身に着けることができるようになる（石上, 2015）。

子どもにとって，表現することは，自分の気持ちを形にして伝える手段でありコミュニケーションツールである。自分の思いやイメージを表現することで，子どもの心は満たされ満ち足りた安心感が情緒の安定につながるのである。

また，造形活動において，「発見する→感じとる→考える→イメージする→つくる→再構築し進む→イメージする」という過程を繰り返していくと，ひらめきは活性化し「表現する経験」も豊かになる。それは創造力を育て，発達過程におけるアイデンティティを確立させるのである。

2　乳幼児の発達と描画活動

■ 2-1　0〜1歳頃にかけて（いじくり期）：はじめてのお絵かき（テンテン・往復運動）

運動機能の発達（首のすわり，寝返り，お座り，ハイハイ，高這い，つかまり立ち）により，自分の周囲にあるさまざまな物へ働きかけ外界の反応を楽しむようになる。「物とかかわる楽しさ」「からだを動かすことの喜び」はやがて未分化的な造形活動へと向かうことになる。

■ 2-2　1〜2歳半頃にかけて（なぐり描き期　スクリブル）

左右往復型スクリブルから一定方向の往復描き，ぐるぐると回転する渦巻きスクリブルになる。手の動きが軌跡となり紙に映し出されることに驚きと喜びを感じスクリブルを何度も繰り返す。

この時期の絵は，描く活動そのものや運動活動を楽しみその時の気分や感情が思わず出てしまう「表出」の時期である。この無意識の表出が次にくる意識的な表現へとつながっていく。手の働きが生み出す「なぐりがき」である。

■ 2-3　2〜3歳頃にかけて（意味づけ期）

描かれた形に子どもなりのイメージを対応させた名前をつけるようになる。なぐり描きから意味づけへと進んでいく。これまでは別々に発達してきた手の働きと言葉（イメージ）の力がドッキングして，絵が「意思を伝える手段」として確立するための出発点となる。意味づけによるお話しの広がりと共に自分で形を生み出す力も身につけていく。「聞いてあげる絵」である。

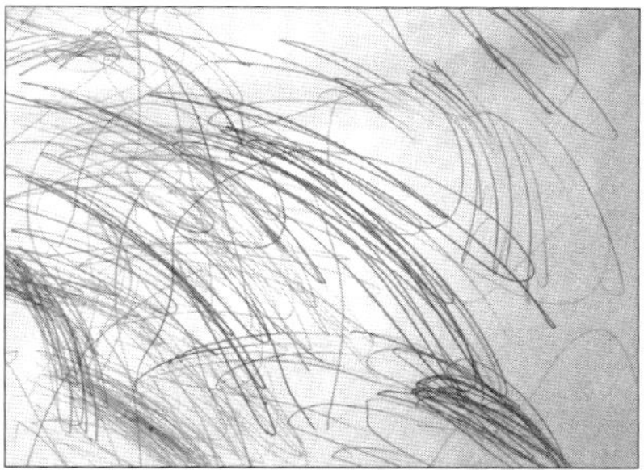

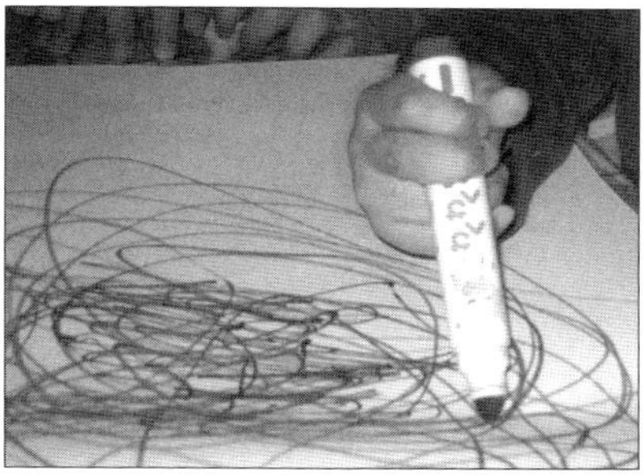

図7-3　なぐり描き期　スクリブル（往復運動）

図 7-4　4 歳児の絵画表現（うんどうかい）

■ 2-4　3～5 歳頃にかけて（前図式期）

特徴的な人体の表現が登場する。目や口らしきものが描き込まれた一見して顔と思えるような丸い形から足や手を連想させる線が生えた「頭足人」とよばれる人である。獲得した基本図形（円，十字，四角，三角）を組み合わせて絵として描いていく。一枚の紙に描かれた絵どうしは，羅列あるいは並置，乱置でカタログのようにみえる。

■ 2-5　4～8 歳頃にかけて（図式期）

覚え描き期で子どもの行動範囲が広がり，認知機能の発達が日常生活においても顕著に現れ自うの思いを絵に表現していく。地面，空，左右などの位置関係をもった絵が描かれ，絵が図式的になる。画面の下方に「基底線」が出てくる。地面を象徴するような 1 本の線が現れ，家や木や人などがそこから立ち上がるように描かれ

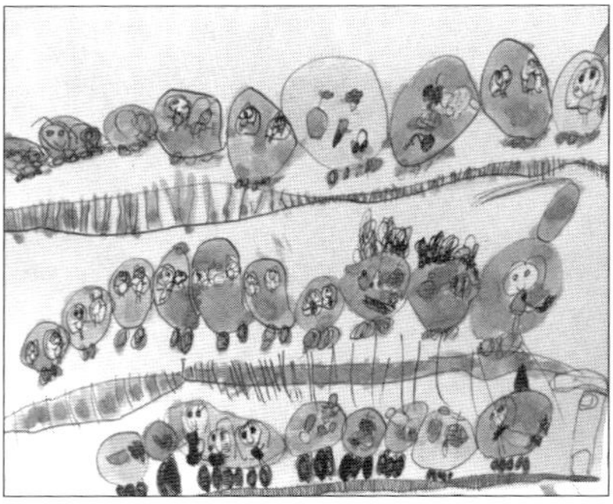

図 7-5　5 歳児の絵画表現（電車と線路）

図 7-6　5 歳児の絵画表現（総合避難訓練）

る。子どもが自分と他者や自分と物などの関係性を意識して表現している。そこに社会性の芽生えが見て取れる（田澤, 2014）。

保育の場面で保育者の多くは，造形環境をどのように設定し，造形活動をどのように援助するかについて日常的に苦慮している。そして，自分が幼少の頃，先生に言われたことや大学で学んだことや，それまでの保育経験の蓄積を頼りに造形活動を援助している。

保育者は，保育の中でなされる「大きく堂々と描きましょう」「よく思い出して描きなさい」「色をたくさん使って描こうね」「思い切って描きましょう」「感じたままを描きなさい」「この辺が寂しいね」「よく見て描きましょう」などの言葉かけをしているが，果たして適切なのか。造形活動している集団全体を視野に入れた言葉かけが必要な時もある。しかし，保育者は，何を描いているのか知りたいために，絵を描いている子に「何を描いているの」とつい聞いてしまうことがある。楽しく造形活動に没頭している幼児に対して，言葉かけはまったく不要ではないのではないか。できるだけ邪魔しないように，見守り，注意をそらすようなことを決してしないように気をつけ，こころがけなければならない。保育者は，子どもそれぞれの表現を把握しながら，つくる過程を見守り，子どもの表現への最大の理解者であることが必要である。一緒に楽しみ，見守る大人がいることで子どもは伸び伸びと開放された気持ちで表現することができる。

子どもとのかかわりでは，次の３点が挙げられる。

①一人ひとりの異なる表現を受け止めること
②子どものつくる物語に溶け込み，寄り添うこと
③完成だけを目標にせず，つくる過程を大切にすること

図 7-7　園庭の畑で芋ほり

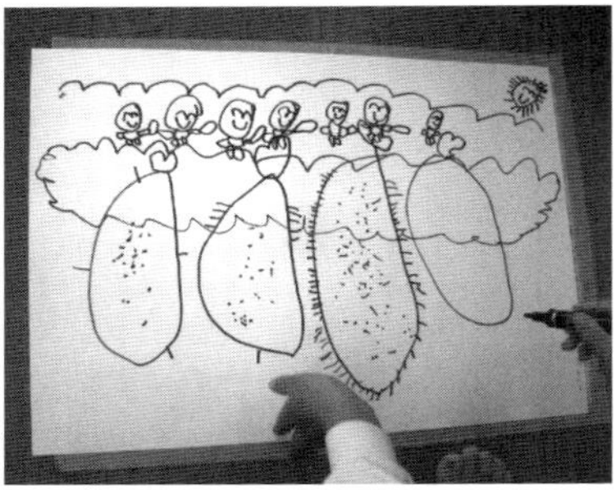

図 7-8　5 歳児の絵画表現（お芋ほりの絵）

子どもとのかかわりにおいて最も大切なことは「大人も一緒に楽しむこと」である。

図 7-8 はお芋ほりの収穫の絵である。「僕，お絵描きする」「私，お絵描きしたいの」と子どもが自分で言い出す時，たいてい子どもが印象に残ったこと，楽しかったこと，おもしろかったこと，心に何か感動を受けたことが中心である。「今日，畑でお芋ほりしたね。土の中からおっきなお芋が顔を出した時うれしかったね」。子どもたちの頭の中は，楽しいお芋ほりのことでいっぱいになる。「描く描く」「早く描きたい」と口々に言う。お芋ほりという体験が子どもたちの共感を呼ぶのである。楽しいできごとがあったからこそ，描く気持ちになり心をこめた絵が描けるのである。

3　保育園や幼稚園の絵画展や造形展の企画における造形表現

絵画展や造形展といった企画における造形表現はみんなで楽しめて，子どもの造形意欲を喚起することが期待できる。

テーマを決めて，一人ひとりの子どもの思いや考えが色や形を通して素直に表現されている姿を絵や写真から子どもたちの心の中の表現をみることができる。

すべての子どもたちにとって絵は発達や思いを伝えることができる優れた表現手段であり，「子どものすべてを表す言葉」といえる。保育者は保育の中で一緒に体験した共通のイメージをもとに，肯定的な言葉をかけながら，子どもの描画の世界を広げる。

保護者と絵の価値の共有をすることは，大切である。どの子どもの絵も値打ちは

図 7-9　絵画展の看板

図 7-10　絵画展（テーマ「子どもの絵は心の窓」）

同じなのである。その子どもの精一杯の表現を比べるものではない。「こんな絵が描けるのね。すごいね」と思い切り誉めてあげることが必要である。子どもの成長をともに喜び合えたことで子どもが意欲と自己肯定感をもつことにつながるのである。

「絵は，聴くもの」といわれる。子どもたちの絵のお話をしっかりと受け止め，共感できる「絵を聴く保育」をする。言葉のキャッチボールをしながらイメージを共有し広げることで，子どもたちは言葉も豊かになり「お話がいっぱい」の素敵な絵をどんどん描いてくれる。また，日常的な「生活を表現につなぐ」活動を大切にした保育をすることで絵を描くことが好きになるのである。「豊かな表現は，豊かな生活から生まれる」のである（中山, 2016）。

子どもは「体験したこと」「発見したこと」「想像したこと」「おもしろかったこと」「驚いたこと」等を自由に絵として表現する。そして，絵を描きながら自分の世界をつくり，イメージを広げていくのである。また，絵に表す活動を通して物を見る目が育ち，感性が豊かになっていくのである。

絵は，自由に好きなことを描く場合と，テーマを決めて描く場合がある。いずれにしても，子どもの描きたいという意欲をいかに引き出すかが大切である。そのためには，「題材」「保育の組み立て」「材料の工夫」「環境設定」等，さまざまな工夫が必要なのである。

絵を描くこと自体が楽しい（喜びの表現）絵には絵を描く喜びが思う存分表現される。無理なく，自然な形で日常の生活体験や出来事を幼児と保育者が分かち合いながら豊かな情操をつちかい，表現することの楽しさやおもしろさを実感し，創造性を豊かにしていくことが大切である。

4　園生活での造形表現の活動

■ 4-1　園庭での土遊び

自然環境の中で季節感を満喫しながら楽しむ表現活動である。表現活動を豊かに行うためには，子どもたちに水・砂・泥んこ等，五感を通してさまざまな感触を味わい豊かな感情体験を積んでいくことが重要である。土は子どもたちの造形活動の素材として最も適している。こうした活動は，物を「感じ分ける力」や「変化させる喜び」を育てる。また，物を取り合うとか，物のやり取りを通して「人とかかわる力」の土台を育てるのである。

サラサラ土に水を少し加え，土の感触を確かめながら泥んこ遊びが始まる。子どもの泥んこ遊びから生まれた造形作品こそ，子どもの表現そのものである。

「水と砂で子どもは育つ」ともいえる。指や手，からだに土を塗ることで大胆になり，解放感もある。子どもたちが無我夢中で遊びこむということは，集中力を養い，心を解放し，遊びを発展させる。そこで発見や不思議と出会い，好奇心や持続力が

図 7-11　園庭での土遊び

図 7-12　砂場での砂遊び

図 7-13　泥んこ遊びは子どもを夢中にさせる

図 7-14　フィンガーペインティング

図 7-15　ダムづくり・川づくり

図 7-16　指絵

養われるのである。水と砂（土）は幼児の手でも，容易に形を変化させることができるまたとない自然の素材である。幼児自身も泥んこに変身する。泥んこ遊び後の手足を洗った後の壮快感と満足感の体験は幼児の自主性を育てることにつながるのである。そのため，水と砂（土）は「幼年期の子どもにとって最高の玩具である」といわれるのであろう。

■ 4-2　陶芸活動

保育園や幼稚園では，5 歳児（年長組）の卒園製作として陶芸活動をしているところがある。ろくろを回して，その上で土をこね，動物，お皿，お茶碗等をつくり，模様をつけるという体験をする。普段，油粘土で遊んでいる年長児が陶芸に挑戦する。

保育の造形教材として使用される粘土には 3 種類がある。

図 7-17　陶芸活動

図 7-18　陶芸作品

①油粘土：油脂ベースのため乾燥しにくく，繰り返し造形することができる
②紙粘土：乾燥後は固まり，絵の具等で着色することができる
③土粘土：土の質感を生かした作品ができ焼き物として焼成できるものがある

4-3　段ボール箱を使って遊ぶ

段ボール箱は，生活の身近な所にあり子どもにも親しみがあることから，保育現場でしばしば製作活動や遊びの材料として活用している。

段ボール箱の中に入ったり，くぐったり描いたり，貼りつけたりできる。段ボール箱には子どもの遊びや造形的な活動に発展できる要素がある。子どもは，さまざまなアイディアを思いつきながら活動に取り組んでいく。段ボール製作は，さまざまな要素を含む構成的で協力的な活動である。子どもの素朴な見立てからイメージをふくらませて友達と一緒に遊びを発展・展開させていくことが可能な，幅広いものである。

保育者は，目に見える作品に関心が向き，出来具合のみに気をとられてしまうことも少なくない。そのような結果や作品主義的な捉え方が子どもの活動を委縮させてしまうこともある。形に残るという造形表現の特徴が，子どもの意欲や自信を育む一方でそれを失わせることもあるということを，認識して保育することが大切である。そのために幼児期の活動特性を知っておくことが必要である。

図7-19　段ボール遊び

図7-20　段ボールのトンネル

■ 4-4　季節や行事にかかわる造形表現

行事について理解を深めることは，表現の領域だけでなく他の領域の活動によって行われることもある。保育者自身，行事の特色や内容を子どもたちにどのように伝えるのかをしっかり把握しておかなければならない。

図 7-21　夏祭り

図 7-22　お店

図 7-23　七夕まつり　笹飾り

図 7-24　落ち葉でごっこ遊び

5　造形表現の発達

■ 5-1　もて遊びの段階（0歳～3歳頃）

自分の周囲に働きかけて，その反応を楽しむ。感覚機能と運動機能，子どもの意識が統合された物とのかかわり，「物をもて遊ぶ」ことが始まるのである。紙を破ったり粘土をたたいたり意識的な行為ではないが，繰り返し体験する中で手に触れる物の特性を覚え，興味や関心を抱くようになる。「つくる」という行為の出発点となる。

■ 5-2　つくったものに意味づけをする段階（3歳～4歳頃）

2歳半を過ぎた頃から「もて遊ぶ」行為によって偶然できた形に意味づけをするようになる。操作能力，並べる，つなげる，重ねる，積む等の造形操作と共に子どもにとって何らかの意味をもつ「もの」をつくることができるようになる。

簡単な物であってもこのような体験を続けていくうちに造形に対する意識が少しずつ芽生えてくる。個人差はあるがはさみ，のり，セロハンテープ等を扱えるようになるので子どもの技量を見極め必要に応じた支援を行うようにする。

■ 5-3　つくったもので遊ぶ段階（4歳～6歳頃）

自らの実体験をもとにしながらたくましい想像力を発揮し，生活の中に生かしていく時期である。思いを形にし，つくった物を自分たちのごっこ遊びに取り入れていく。試行錯誤を繰り返しながら必要な知識を学び取っていく。共同作業による達成感を味わえるようになるのはこの時期からである（田澤, 2014）。

子どもたちはさまざまな形で自分の思いや考えを表すが，その表現方法のひとつに，空き箱や空き容器，不要になった物等の素材を利用して，自分の思いや考えを表す「製作（ものづくり）」がある。完成した作品にも意味がある。何よりも身のまわりにあるさまざまな素材・材料を使って，想像力や創造力を発揮しながら製作に取り組むことに価値がある。その過程で切ったり貼ったりつなげたりしながら色や材質，形状など素材のもつ面白さや美しさを知り，色彩感覚やデザインする力が育っていくのである。

園生活の中で，自分たちで遊びに必要なものを作ったり，保育者からの提案でみんなで一緒に作ったりと製作を始める状況はさまざまであるが，自分たちが作ったものを使って遊びを進めたり自分の作品が保育室に飾られたりすることは，子ども

図 7-25　縄跳びの縄つくり
三つ編みをして縄跳びをつくる

図 7-26　紙コップのお化け
ストローで吹くとコップの中からおばけがでる

にとって大変うれしいことである。

6　遊びの中の表現

子どもは色々な物に興味をもって遊ぶが，日常生活でやりたいことをみつけて遊びの中で自ら造形活動を広げていく。子どもがどんなに発想豊かでも試すことのできるような環境や物が必要である。遊びの中で色々な造形表現を楽しんでいる。

子どもは，誰かに向かって伝えたい思いがある時に，描いたり作ったりすることがある。「子どもの絵は子どもの心」というが，誰かに伝えるだけではなく，自分と向き合う大切な遊びである。保育者は造形表現をしている子どもを見守っていくことも保育の援助である。また豊かな感性を育むには保育者自身も豊かな感性をもっていることが重要である（おかもと・石田, 2018）。

子どもの遊びは，子どもの生活における表現でもある。子どもの自由な表現，無意識な存在こそが，本来の子どもらしい表現のテーマである。

現代は物であふれている。その中で，子どもは与えられた物でしか遊ばなくなっている傾向にある。創り出す喜び，創造性のすばらしさや発想性の繰り返しこそが本来あるべき子どもの遊びの姿である。子どもの本質は遊ぶことにある。遊びを十分に過ごした子どもは，豊かな情緒が養われ，創造性に満ちた造形活動の発達がみられるのである。子どもの表現力は，大人が想像する以上に直感力に優れている。保育者として，子どもの表現を暖かく見守ることが大切である。

造形表現に対する大人のかかわり方が変われば，子どもは変わり絵も変わるのであり，幼児期の造形表現に対して，大人のかかわり方が大きく影響していると考えられるのである。子どもの描く絵を，大人の視点で「上手」「下手」のみで判断したり，評価したりする見方や子どもの絵にまったく理解を示そうとせず，「変な絵を描かずにちゃんと描きなさい」等と言って，小さな心に傷をつけてしまわないようにすることが重要である。保育者は子どものよき理解者となり，常に見守り，援助しなければならないのである。

参考文献

石上浩美［編著］(2015).『保育と表現』嵯峨野書院
おかもとみわこ・石田敏和［編著］谷田貝公昭［監修］(2018).『造形表現　新版実践保育内容シリーズ』一藝社
お茶の水女子大学子ども発達教育研究センター［編］(2004).『幼児教育ハンドブック』お茶の水女子大学子ども発達教育研究センター
厚生労働省［編］(2018).『保育所保育指針解説——平成 30 年 3 月』フレーベル館
田澤里喜［編著］(2014).『表現の指導法』玉川大学出版部
鳥居昭美 (2003).『子どもの絵の見方，育て方』大月書店
内閣府・文部科学省・厚生労働省 (2018).『幼保連携型認定子ども園教育保育要領解説——平成 30 年 3 月』フレーベル館
中野友三 (2002).「幼児造形表現の見方，育て方」『比治山大学紀要』*37*, 17–26.
中山ももこ (2016).『絵を聴く保育——自己肯定感を育む描画活動』かもがわ出版
松本園子［編著］(2018).『乳児の生活と保育　改訂版』ななみ書房
文部科学省 (2018).『幼稚園教育要領解説——平成 30 年 3 月』フレーベル館

終　章
乳幼児期に望ましい表現の活動を目指して

ここで，第1章から第7章までに述べたことを簡潔にまとめてみるとどうだろうか。第1章では，「幼稚園教育要領」「保育所保育指針」等の変遷と確立の過程を辿り，保育・幼児教育における保育内容「表現」の位置について述べた。第2章では，乳幼児期の発達的特徴と遊びの発達という側面から，その表しが音声と身体の動きの一体化した表現であることについて述べた。第3章では，乳幼児期の身体的な発達を基本とした身体表現について述べ，それが遊びの発達とどのようにかかわっているかについて概説した。第4章では，乳幼児の発達理解に基づいた表現活動の展開について実践例が提示され，それは保育者を目指すあるいはこれから保育経験を積み重ねていく人たちのための活動構成を支援するものとなっている。第5章では，乳幼児期の音楽表現は音楽的表現というべきものであり，それは身体の動きをともなうものであることが多いという発達的特徴について，遊びとの関係性を通して述べている。同時に，幼児の音楽的表現の捉え方を教育思想の系譜に辿り，今日の幼児教育における音楽的表現の意義について述べている。第6章では，これまでに幼児期に望ましいと考えられてきた音楽教育の方法を概説し，幼児期には特に，音楽的表現は総合的な表現に移行しやすいことを考慮し，活動計画や実践例が挙げられている。第7章では，領域「表現」における造形表現の位置づけや，乳幼児の発達とのかかわりに基づいて，園生活における造形表現の具体的な実践例が挙げられている。そして，それらの表現活動は，遊びの中で展開されることが望ましいことを述べている。

上記をふまえ，本章では，第1節で，どのような表現の活動が乳幼児期に望ましいのかということを考える。そして，第2節では，乳幼児の表現をより豊かに育むための保育者の役割とはなにかということについて概説する。第3節では，保育者が乳幼児の表現にかかわる中での成長の意味について考え，第4節では，今後の展望について述べる。

1　乳幼児期に望ましい表現の活動とは

■ 1-1　乳幼児の表現の方法について

本書の第１章から第７章までを概観すると，表現という視点から考えられる乳幼児の活動は，遊びの発達と密接にかかわっていることがわかる。その時期に特徴的なのは，象徴遊びの発達である。生後，感覚諸機能の発達にともない，生活音に気づいたり，物に触れたりといった生活経験の中での感覚的印象を蓄積しつつある乳幼児は，自分なりのイメージを形成し，眼前にないものを想像できるようになる。そして，想像力の発達にともない，言葉や思考力の発達が身体の発達と共に顕著になる。遊びの中で一体化して生じる身体の動きや音声による自己表現は，発する言葉や歌が未熟であっても全身の動きで自分の感情を表す幼児の素朴な表現であるといえるかもしれない。幼児は，試行錯誤しながら，表現の方法を見出していくのである。それが，想像から創造を生み出す表現の過程であり，最も重要な意味をもつ活動となるのである。

また，第４章の身体表現の実践例に，歌や音楽に合わせた活動が多くみられ，第５章や第６章の音楽的表現の内容に身体の動きをともなった音楽表現が提示されていることから，乳幼児期に特有の発達的特徴として，音声と動きの一体化した表現が生じやすいこと，そしてそのことを生かした活動構成が望ましく，乳幼児の発達をより促し，表現を豊かに育む内容になるのだということがわかるだろう。

第６章第５節に，役割演技・劇遊び（dramatic play）から創作劇（Creative Drama）への移行過程を重要視する記述がある。それは，ドラマ教育論を参照したものであり，ドラマ教育の研究者たちは，人が演じることの基本を，想像力の発達や幼児期の象徴遊びという発達的特徴に見出していた（Bolton, 1984；Courtney, 1974）。つまり，遊びの中から，また，日常生活のさまざまな事象に対するイメージを断片的に表現してみることから，ストーリーを創り出し，劇化してみるようになるその過程で，幼児は多様な表現の方法を自ら学んでいくのであり，総合的な表現へと自然に向かうことができるのである。

■ 1-2　乳幼児期における音楽と身体的な動きの関係性について

前項でも述べたように，乳幼児の表現の中でも，特に，音楽と身体的な動きの関係性は強いと言えるだろう。そのことは，第６章に示した音楽教育の方法で取り上げたダルクローズやカール・オルフ等の提示した活動にも表れている。その関係性

表 8-1　5 歳児 a の長調・短調の歌にともなう動きの差異について

	記録時間	総移動距離	移動平均速度最大値	移動平均加速度最大値	活発な動き
短調の歌	32 秒	0.467m	0.223m/s	1.58m/s^2	小
長調の歌	31 秒	1.818m	0.209m/s	3.8140m/s^2	大

は，乳幼児の観察から直観的に読み取れる部分もあるが，近年では，アニメーション制作でも使用される 3D モーションキャプチャーを用いて，幼児の音楽的表現の動作解析を行い，幼児がリズム等の音楽の構成要素を感受したことを身体的な動きで表現することを，定量的に検証した研究報告もみられる（Sano, 2018a）。それは，音楽的表現における身体的な動きの変化を数値化することで，音楽の有するメロディやリズム等に対する幼児の認識との関係性を，より具体的かつ可視的に捉えようとしたものであった。その中で，ある保育園で行われた 3D モーションキャプチャーによる動作解析の結果（佐野, 2016）を紹介する。

(1) 長調と短調の歌で幼児の音楽的表現における身体的な動きは違うのか

短調の歌《うれしいひなまつり》（山野三郎作詞，河村直則作曲）（32 秒記録）と長調の歌《もちつきぺったん》（多志賀明作詞作曲）（31 秒記録）を保育者の伴奏に合わせて歌いながら自発的な動きによる表現をした場合について，3D モーションキャプチャーによる A 保育園 5 歳児 a の測定結果は，表 8-1 のとおりであった。

表 8-1 から，長調の歌について移動距離や移動平均加速度が大きく，短調の歌に対してよりも，活発に動きの表現が生じていることがわかった。

(2) 4 歳児と 5 歳児とで動く距離（移動距離）や動き方は違うのか

(1) で取り上げた《うれしいひなまつり》について，3D モーションキャプチャーによって動作解析し，移動距離を算出すると，A 保育園における 4 歳児 a の移動距離は 0.364m，5 歳児 b の移動距離は 0.467m であり，5 歳児が 4 歳児よりも大きかった。移動軌跡（どのような動きをしたか）については，図 8-1，図 8-2 に示す。この 2 つの図における X 軸は，対象児が左右にどう動いたか，Y 軸は前後にどう動いたかということを示している。これらは，対象児を頭上から下に見下ろした様子を想像して，測定開始地点がゼロ（0）m とした場合の移動軌跡を XY で表しているのである。

つまり，年齢によってもどのような音楽経験をするかによっても，幼児の音楽的

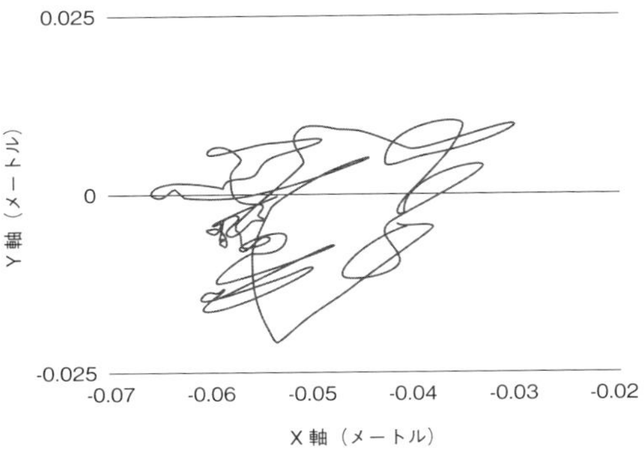

図 8-1　A 保育園 4 歳児 a の移動軌跡

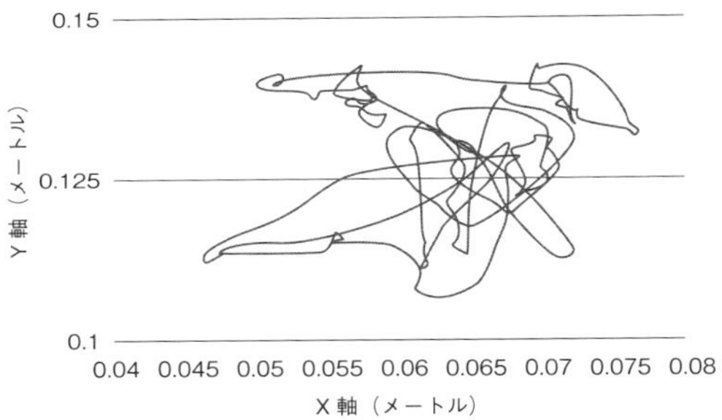

図 8-2　A 保育園 5 歳児 b の移動軌跡

表現における身体的な動きは，大きく変わってくることがわかる。そして，リズムやメロディといった音楽を構成する要素への認識が深まると，自発的な動きも増加していくのである。

これらのことだけをみても，音楽と身体的な動きとは，幼児の音楽的表現において強い関係があることがわかるだろう。

2　乳幼児の表現にかかわる保育者の役割について：音への気づきの活動における保育者の方向づけ

保育者のかかわりについては，これまでにも素朴な乳幼児の表現を受容し共感することの重要性が示されてきた。乳幼児が，表出・表現できるような自由な雰囲気をつくることも必要である。それらを基本として，ここでは，幼児の表現にかかわる保育者の役割について，実践場面での事例を通して考えてみる。次の事例1から事例4（2-1, 2-2, 2-3, 2-4）とその概説は，佐野（2008）によるものである。

■ 2-1　動物の鳴き声や気象の音の音当てゲームにおける保育者の方向づけ

［事例1］3歳児を対象とした音当てゲーム	
保育者	「それでは，音当てクイズをしましょう」［ハモンドジュニア（効果音が収録されたキーボード）で動物の鳴き声を鳴らす］①
幼児たち	「あっ，ひよこ」「ひよこ」［口々に言う］
保育者	［次の音を聴かせる］
幼児たち	「ねこ」「ねこ」［口々に言う］
保育者	［続けて気象の音を聴かせる］ 「お耳，ダンボにして聴いてみて」 「ユッサユッサと風に揺れている音よ」［両手を揺らして動作で示す］② ［次の音を鳴らす］ 「嵐がくる，わかる？」「次は，雨の音，聴こえる？」
幼児たち	「聴こえる」
男児A	「ザーッ」［と言いながら両手を交互に上下に動かし，雨の様子を表現する］③

ここでの保育者の方向づけは，音当てクイズ（下線部①）で音とイメージを結びつける活動を示したり，両手を揺らす動作（下線部②）を示したりすることによって，音とイメージと動きとをつなぐ活動を，自然に提示することである。下線部①は，音や音楽による動機づけであり，下線部②は，動作や身体音，および言葉による誘導である。

年少児にとって，生活経験の中の音や動物の鳴き声は，それが身近なものであれば，イメージを強く呼び起こすものである。気象の音は，男児Aの行動からも，以前経験したことのある蓄積されたイメージの中から，想像できる強い雨の様子を「ザーッ」という音声と両手を交互に上下に動かすという動きによって表現することを促している（下線部③）。

このような保育者の方向づけは，一見少ない言動でも，どのような活動が対象児にわかりやすいか，具体的な手法を考えるという計画の段階から，かなり検討されているものである。保育者自身も，対象児と一緒に場面をイメージとして思い描き，「ユッサユッサ」という擬音語や両手を揺らす動作で表現してみせるのである。

■ 2-2　音当てゲームにおける動きのイメージによる保育者の方向づけ

[事例 2] 4 歳児の音当てゲーム	
保育者	[自転車の音，小学校のチャイムの音等を，ハモンドジュニアで鳴らし，音当てゲームを続けている] [次の音を出す。「ブッブー」と車のクラクションの音を出し] 「みんな，こうやって押してみて」[音に合わせてクラクションを鳴らす動作をする]
幼児たち	[片手で車のクラクションを鳴らす動作をする] ①
保育者	[動作に合わせて音を鳴らす] ② [次に，のこぎりの音を出す]

このように，日常生活の経験で知っている音によって呼び起こされるイメージと動作を結び付けることによって，認知・想像・演じる動きのサイクルが活性化される。保育者や幼児たちの行動（下線部①）からもわかるように，動作から音を想起する過程の経験によっても，音への気づきは促される。また，虚構体験における事象と音のイメージを結びつけることができる。保育者はここで，音や動作による方向づけを行っている（下線部②）。そのことは，対象児が音を聴いてイメージを想起するのを視覚的に助けることになっている。

■ 2-3　替え歌活動における保育者の方向づけ

[事例 3] 4 歳児の替え歌	
保育者	「かみなりがおーちーた」[「いちにのさんでおはよう」のメロディに合わせて替え歌を歌いながら，キーボードの低音部を短調の大きな音で激しく弾く] ①
幼児たち	[ドンドンドンと大きな足音を立てながら，両手を頭上で組み合わせたまま，左右の足を交互に動かして飛び跳ねる] ②
保育者	「次は，何がいい？」
女児 B	「海賊」
保育者	「海賊ね。海賊になーあった」[「いちにのさんでおはよう」のメロディに合わせて替え歌を歌いながら低音でゆっくり弾く] 「目，こんなになってるよ」[片目を細くしてみせる] ③
幼児たち	[腕組みをして歩き回る男児たち，保育者の真似をして，表情を変えてみる] ④
保育者	「うさぎになーろーう」[替え歌を続ける]

これらは，歌いながら断片的な劇化を行っていく活動のうちの一過程であり，保育者が行う歌いかけ（下線部①）に，対象児は，主に動きによって応答している様子がうかがえる（下線部②）。替え歌の中で，保育者が，対象との同一視の過程を

創り出す方向づけを行っている。これは，音楽による動機づけ，ストーリー化，歌や音楽による誘導によるものである。保育者は，雷のように気象の音の音当てゲームで，音とイメージと動きによって表現した以前の経験に基づいて，対象児が考えて創り出すことができるように工夫している。保育者による「キーボードで低音部を短調の大きな音で激しく弾く」という方向づけは，日常生活経験をリズムや音の経験へ，さらに音楽の構成要素を用いた幼児なりの表現へと導く方法となっている。また，保育者が，女児Ｂが提示した「海賊」という対象児のイメージや文脈に合わせて，虚構の登場人物を動きでも表現してみせる（下線部③）。そうすると，対象児がそうであったように，幼児たちは，自信をもって，自分なりの自発的表現をするようになってくるのである（下線部④）。

2-4　ストーリー創造の過程にみられる表現活動における保育者の方向づけ

[事例 4] 4 歳児のストーリー創造	
保育者	[エプロンシアターをするためのエプロンを準備する] ① [『ブレーメンの音楽隊』の子どものミュージカル CD をかける]
幼児たち	[『ブレーメンの音楽隊』に出てきた「としよりねこ」のせりふを聞いて笑う]
CD	[CD の音声による問いかけ]
幼児たち	「いいよ」[と言い，また笑う]
保育者	[歌に合わせて歌う]
CD	「ブレーメン，ブレーメン……」[物語の最後の歌]
幼児たち	「ブレーメン，ブレーメン」[歌による呼びかけを，大声で歌う]
保育者	[エプロンシアターの登場人物となる人形を 1 つずつ挙げて発言] 「○○になりたいひとー」
幼児たち	[複数人ずつ手を挙げる]
保育者	「みんな，出てくる動物にもどろぼうさんにも，それぞれ音楽があったな。みんなで歌う歌もあったな」 [CD を最初からかける] 「最初に出てくるろばさんになってみてくれる？」②
幼児たち	[四つ這いになって床を這い回る] ③
保育者	「ねこさんは？」④
幼児たち	「ニャーオ」[と言いながら，両手を前に構えて歩く] ⑤
保育者	「最後はにわとりさん」⑥
幼児たち	[両手を広げてゆっくり歩く。効果音に合わせてよたよたした動きをする] ⑦
保育者	「ブレーメン，ブレーメン」[CD の歌に合わせて歌いながら行進する] 「暗くなってきたよ。あっ，どろぼうが出てきた」⑧

幼児たち	[どろぼうの歩き方を思い思いに演じながら，足を開き加減にし，♩𝄽♩𝄽のリズムで歩き回る] ⑨
保育者	「どろぼうは，どうしてる？」⑩
幼児たち	[どろぼうを追い出す場面で] 「ワーッ」[と言いながら，部屋を走り回る] ⑪ [最後の歌「ブレーメン，ブレーメン」で手をつないで曲に合わせて行進して回る] ⑫ 「スキップ，スキップしよう」[手をつないだまま３人の女児たちがスキップしながら進む] ⑬ [終わった後も，「ブレーメン，ブレーメン」の部分だけを繰り返し歌う]

ここでは，CDの語りに出てくる登場人物の紹介と簡潔なストーリーで，果たす役割を認識し，対象児は，登場人物の断片的な役割演技を試みている。その断片的な役割演技を助け効果的に表現を導き出しているのが，ここで用いられている音楽である。対象児は，最初，「としよりろば」や「としよりねこ」のせりふの言い回しを面白いと感じ笑っているが，次第に，そうした動物の動きを即興的に試みている（下線部③⑤⑦）。音楽の効果が表れているところは，にわとりが弱っている様子を表す「効果音に合わせてよたよたする」といった動きである（下線部⑦）。

保育者の方向づけについて，エプロンシアターの準備（下線部①）はストーリー化を，CD音楽でろばからねこやにわとりまで，音楽による動機づけ，言葉での問いかけと誘導，ストーリー化を促している（下線部②④⑥）。また，「暗くなってきた」と場面展開を示し，新しい登場人物の出現を提示する方向づけ（下線部⑧）をすると，対象児は，すぐにどろぼうの歩き方を演じている（下線部⑨）。下線部⑩で保育者の言葉による問いかけをすると，対象児に下線部⑪のような動きが生じ，保育者を追いかけ回す状況が起きた。ここでは，対象児が自発的に登場する動物の役を演じたため，保育者がどろぼう役を演じた。最後の歌の場面では，下線部⑫⑬のように，自発的な表現が生じた。元気よく闊歩する様子をイメージする音楽曲が流れ，対象児は，行進したりスキップしたりした。

ここで取り上げたのは，音への気づきや劇化の過程が始まっている様子の事例である。日常保育の活動において，幼児と保育者とのかかわりの中で生じる様子を観察してみると，言葉による問いかけもあるが，保育者の歌や音楽，ストーリー化による動機づけによって，対象児の音声と動きの一体化した表現が生じ，劇化の過程を創り出すように展開していっていることがわかるだろう。

以上の事例からだけでも，幼児の表現にかかわる保育者の役割として，受容と共感に加えて，動機づけや活動の方向づけが大切であることがわかるだろう。もちろん，乳児期からの基本的な信頼関係や情緒の安定を図り，乳幼児の自分なりの表出を導き出すことが前提として必要である。そのための工夫は，乳幼児の個々の実態に即して考えることが求められる。

3　表現にかかわる保育者の成長とは

乳幼児の表現にかかわる保育者のあり方は多様であり，一朝一夕に理解し達成できるものではない。第２節に示したように，ここでも具体的な事例を挙げて，保育者が活動実践の方法に，経験を重ねることによって創意工夫を行っていることについて述べる。事例の対象となっているのは，第６章第６節（幼児期の音楽経験の活動計画と実践例について）に挙げた活動内容の実践の一部である。

■ 3-1　役割演技の再構成や象徴的な場面の創造

次の事例５と事例６は，どちらも同じ保育者と幼児たちによる活動事例とその概説であり，佐野（2010）によるものである。保育者と幼児たちが，役割演技の再構成や象徴的な場面の創造をしているところである。

[事例 5] 3 歳児の「おむすびころりん」（1 年目の活動実践）	
保育者	「おいしいおむすびやーい」[既成の CD をかけ，それに合わせて言う] [おむすびの歌を先導して歌う]
幼児たち	「おむすびころりん，すっとんとん……」[歌いながら，両手を頭上で合わせて三角をつくり，おむすびがころがるように傾きながら片足で跳びはね，くるくる回る]
保育者	[CD の曲想の変化も言いながら，先導して歌い，リズムを示す]

[事例 6] 4 歳児の「さるかに合戦」（2 年目の活動実践）	
さる役5名	「ぼくはお山のおさるさん，ぼくの得意を知ってるかい。とてもおなかがすいたのに……」[歌う]
かに役5名	「はさみチョキチョキ振りながら…いいことないかしら」[歌う] [おにぎりを持っている]
さる役とかに役	[柿の種とおにぎりを交換する]
かに役5名	[段ボール箱を積み重ねていく] 「やったあ，大きくなった」
ナレーター役	「木登りのできないかにさんのところにおさるさんが来ました」

保育者	［キーボードを弾く］
さる役5名	「ぼくはお山のおさるさん。ぼくの得意を知ってるかい……」［歌う］
保育者2名	［水平に渡した棒を左右から支える］
さる役5名	［棒を1人ずつ前回りし，前の池のところに座る］
かに役5名	「大変だ。みんなでおさるさんを助けに行こう」 ［棒を1人ずつ前回りし，さる役の幼児を1人が1人ずつ右端に連れて行く］ 「よかったね」

事例5の際，保育者は，先導して幼児たちと一緒に「おむすびころりん，すっとんとん」と動きをつけながら歌う経験を繰り返し，対象児は，その擬態語「すっとんとん」を強調して歌いながら，ストーリーの中核を理解していた。保育者は，ナレーターやストーリーを進める役割を果たし，場面展開の短い台詞を音楽の長調や短調で強調していた。そのため，対象児の表現は，擬態語等，言葉のリズムと音楽経験の呼応が頻出することやリズムにとらわれる傾向にあった。

それに対して，事例6の際，保育者は，1年後4歳児になった対象児が鉄棒をしたり跳び箱を跳んだりといった日常生活の場面を取り入れることを考えた。その結果，既成のストーリーから大きく外れて，幼児たち自身が多様なストーリー創造の提案をし，表現を創りかえることが生じた。その創り出された表現は，下線部分である。

■ 3-2　幼児同士の役割経験による他者理解とストーリー理解

次の事例7と事例8は，どちらも同じ保育者と幼児たちによる活動事例である。

［事例7］4歳児の「ブレーメンの音楽隊」（1年目の活動実践）	
保育者	［歌詞を先導して弾き歌いする］ 「ぼくはーにわとりの……スープにされるんだ」
にわとり役3名	［キーボードの前に出てきて歌う］
保育者	「今度は，どろぼうさんがみんなの中に入って，《ブレーメンへ行こう》を歌ってね」 ［動く順番や動きを少しずつ説明する］ 「1回目の音楽が流れたら，ここで歌って……」［歌詞を先導して歌う］

[事例8] 5歳児の「ねずみのよめいり」(2年目の活動実践)	
保育者	[『ねずみのよめいり』の登場人物のテーマ曲を順に弾き歌いする
幼児たち	[片側に幼児たちが立ち，向かい側にねずみの娘役2名が立つ。その2名は特に大きな動きをつけて歌い，向かい側の役以外の幼児たちも一緒に歌いながら，動きを小さくつける] [おひさまのテーマ曲を歌う] [順に，「くも」「かぜ」「ねずみ」「ねずみのよめいり」の曲を皆で歌う。その各役の幼児たちが，他児たちの向かい側で，大きく動きをつけながら歌う]

この2つの事例は，どちらも一通りの歌による表現の創造や，役割の共有が目的とされている。活動実践1年目の事例7では，保育者に主導性がみられ，ストーリーに沿った表現の過程で，対象児の自発的表現が生じてきた。それに対して，2年目の活動実践の事例8では，各役の対象児がその役ではない他児たちと向き合い，役割とストーリー理解を深めている。このことは，活動実践1年目では特に行われておらず，活動実践2年目で，登場人物の場面ごとの想像上の感情を理解する活動の構成がなされていた。そこでの保育者の主な役割は，活動実践1年目では主導的であったが，活動実践2年目では音楽による援助によって，幼児同士の役割経験による他者理解とストーリー理解を促すことであった。

このように，2つの断片的な事例においても，幼児たちのかかわりを通して経験を積み重ねた保育者が，幼児の表現へのかかわりについて，次第に創意工夫を行っていることが読み取れる。つまり，乳幼児の表現にかかわる保育者の成長とは，日々の保育経験の中で，いかに幼児の自発的表現を導き，ストーリーの劇化へと誘導するかを模索する過程にあるといえる。そのためには，既成の方法理論に学んで実践してみることや，観察している目の前の乳幼児の実態に応じて，柔軟に計画や活動内容を修正することが必要である。

4　乳幼児の表現にかかわる保育者の今後に向けて

近年，保育の現場でもICT（Information and Communication Technology＝情報通信技術）の活用がなされるようになってきている。2015年に，保育業務支援システムの導入によって保育の質の向上を図り，保育士確保につなげようとして，ICT化に補助金を当てる政策を行ったとされる（厚生労働省, 2015）。それによって，全国の多くの保育所が市町村を通じて助成を受け，システムを導入しているという。しかしながら，それほど保育業務の効率化につながっていないのが現状である。保育カリキュラムについては，ICT の活動を幼稚園で実践している研究報告によれば，幼稚園教諭の ICT スキルの向上が必要であることが指摘されている（上松, 2014）。

幼児教育における表現への ICT 活用については，デジタル紙芝居や 3D 紙芝居の開発（新谷ら, 2001；小山ら, 2009）等がみられる。幼児の音楽教育の支援システムの開発については，機械学習を用いた幼児の音楽的表現に関する発展度の判別等の研究報告が散見される（Sano, 2018a, 2018b）。機械学習とは，人間が経験を通して学習することをコンピュータに学習させる解析方法である。その開発が進むと，周囲に保育経験の長い保育者がいない状況でも，あまり経験のない保育者が，どのような音楽的表現がより音楽的発展度が進んだものかを判断し，個々の幼児の実態に即してどのような音楽経験を構成すればよいかを考えることができるようになる。

今後は，こうした技術を援用しつつも，目の前の幼児を観察し，幼児期に特有の表現に対する理解を深める必要がある。その上で保育者と幼児の相互的なかかわりを通して，保育・教育の質を向上させていくことが期待されるのである。

参考文献

池本有里・山本耕司（2018）.「保育業務のICT 化における課題とその解決を目指す支援システムの構築」『四国大学紀要』*50*, 49–61.

上松恵理子（2014）.「幼稚園におけるICT を活用した保育の検討——高岸幼稚園の事例より」『日本デジタル教科書学会年次大会発表原稿集』*3*(0), 7–8.

厚生労働省HP「平成 27 年度補正予算（案）保育対策関係予算の概要」p.2.〈https://www.mhlw.go.jp/file/06-Seisakujouhou-11900000-Koyoukintoujidoukateikyoku/file_8.pdf（最終アクセス日：2019 年 8 月 19 日）〉

小山嘉紀・宮地　功・三宅新二・浪本正男・下田雅彦・横田一正（2009）.「参加型 3D ディジタル紙芝居システムの開発と評価」『教育システム情報学会誌』*26*(1), 119–128.

佐野美奈（2008）.「劇化表現を生かした音楽経験プログラムの実践過程における「保育者の方向づけ」の特徴的な役割について」『乳幼児教育学研究』*17*, 73–82.

佐野美奈（2010）.「音楽経験促進プログラムの２年目の実践過程における保育者の創意工夫——4，5 歳児のストーリーの劇化へのかかわりを中心に」『教育方法学研究』*35*, 25–34.

佐野美奈（2016）.「モーションキャプチャーを用いた幼児期の音楽的表現における動きの要素に関する定量的分析」『大阪樟蔭女子大学研究紀要』*6*, 133–143.

新谷公朗・平野真紀・植田　明・宮田保史・井上　明・金田重郎（2001）.「「デジタル紙芝居」——保育現場へのマルチメディア導入」『情報システムと社会環境』*78*(2), 9–

16.

Bolton, G. (1984). *Drama as Education: An Argument for Placing Drama at the Centre of the Curriculum*, UK: Longman.

Courtney, R. (1974). *Play, Drama & Thought: The Intellectual Background to Drama in Education*, London: Cassell & Collier MacMillian Publishers.

Sano, M. (2018a). Development of a Quantitative Methodology to Analyze the Growth of Recognition of Musical Elements in Early Childhood from a Viewpoint of Change of Body Movement, *Asia-Pacific Journal of Research in Early Childhood Education, 12*(1), 61–80.

Sano, M. (2018b). Statistical Analysis of Elements of Movement in Musical Expression in Early Childhood Using 3D Motion Capture and Evaluation of Musical Development Degrees Through Machine Learning, *World Journal of Education, 8*(3), 118–130.

事項索引

人名索引

著者紹介

佐野美奈（さの みな）
常葉大学保育学部教授
専門領域：幼児教育学・音楽教育
担当章：1 章，2 章，5 章，6 章，終章

佐橋由美（さはし ゆみ）
大阪樟蔭女子大学児童教育学部准教授
専門領域：幼児体育・体育科教育
担当章：3 章，4 章

田谷千江子（たや ちえこ）
京都西山短期大学非常勤講師
専門領域：幼児教育学・保育学
担当章：7 章

乳幼児のための保育内容 表現
身体・音楽・造形

2019 年 10 月 20 日　初版第 1 刷発行
2024 年 3 月 31 日　初版第 2 刷発行

著　者　佐野美奈
　　　　佐橋由美
　　　　田谷千江子
発行者　中西　良
発行所　株式会社ナカニシヤ出版
〒 606-8161　京都市左京区一乗寺木ノ本町 15 番地
Telephone　075-723-0111
Facsimile　075-723-0095
Website　http://www.nakanishiya.co.jp/
Email　iihon-ippai@nakanishiya.co.jp
郵便振替　01030-0-13128

印刷・製本＝創栄図書印刷／装幀＝白沢　正

ISBN978-4-7795-1420-3